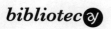

A tradução desta obra foi realizada graças ao apoio do
Goethe-Institut

Diretor Editorial Pedro Fonseca

Conselheiro Editorial Simone Cristoforetti

Preparação Erika Nogueira

Revisão Fernanda Alvares e Andrea Stahel

Produção Zuane Fabbris editor

Imagem da Capa Julia Geiser

Projeto Gráfico Renata de Oliveira Sampaio

....

© 2016 by S. Fischer Verlag GmbH

© 2020 Editora Âyiné
1ª edição abril 2020

ISBN: 978-85-92649-60-9

Contra o Ódio
Carolin Emcke

Contra o Ódio
Carolin Emcke

Tradução de Maurício Liesen

ay Editora Âyiné

Mas, se toda justiça começa com o discurso, nem todo discurso é justo.
Jacques Derrida

Observar cuidadosamente significa desmontar.
Herta Müller

13	**Prefácio**
23	**1. Visível – Invisível**
26	AMOR
30	ESPERANÇA
32	PREOCUPAÇÃO
40	ÓDIO E DESPREZO – PARTE 1: MISANTROPIA CONTRA DETERMINADO GRUPO (CLAUSNITZ)
73	ÓDIO E DESPREZO – PARTE 2: RACISMO INSTITUCIONAL (STATEN ISLAND)
93	**2. Homogêneo – Natural – Puro**
100	HOMOGÊNEO
114	ORIGINAL/NATURAL
141	PURO
159	**3. Elogio ao Impuro**

Para Martin Saar

Prefácio

*Nas profundezas lamacentas
eu me afundo;
não tenho onde firmar os pés.
Entrei em águas profundas;
as correntezas me arrastam.
Cansei-me de pedir socorro;
minha garganta se abrasa.
Meus olhos fraquejam
de tanto esperar pelo meu Deus.
Os que sem razão me odeiam
são mais do que os fios de
cabelo da minha cabeça.*
Salmos 69, 2–4

Às vezes me pergunto se deveria invejá-los. Às vezes me pergunto como eles conseguem odiar dessa maneira. Como podem ser tão seguros. Pois isso aqueles que odeiam têm de ser: seguros. Caso contrário, não falariam ou agrediriam ou matariam dessa forma. Caso contrário, não poderiam menosprezar, humilhar, atacar os outros assim. Eles têm de estar seguros. Sem dúvida alguma. Não se pode odiar duvidando do ódio. Eles não poderiam estar tão perturbados se duvidassem. É necessária uma certeza absoluta para odiar. Qualquer «talvez» já seria um estorvo. Qualquer «possivelmente» se infiltra imediatamente no ódio, e suga-lhe a energia que ainda está para ser canalizada.

O odiado torna-se impreciso. O que é bem definido não pode ser bem odiado. Com a precisão viriam a delicadeza, o olhar atento ou a escuta minuciosa. Com a precisão viria aquela diferenciação capaz de discernir a pessoa singular, com todas as suas qualidades e inclinações múltiplas e contraditórias, como ser humano. Entretanto, uma vez que os contornos são esmaecidos, uma vez que indivíduos como indivíduos se tornam irreconhecíveis, apenas coletivos vagos permanecem como destinatários do ódio, sendo difamados e desvalorizados, xingados e enxotados à vontade: *os* judeus, *as* mulheres, *os* incrédulos, *os* negros, *as* lésbicas, *os* refugiados, *os* muçulmanos ou ainda *os* Estados Unidos, *os* políticos, *o* Ocidente, *os* policiais, *a* mídia, *os* intelectuais.[1] O ódio se conforma ao seu objeto de ódio. É um encaixe perfeito.

O ódio se dirige para cima ou para baixo, em todo caso sempre em uma visão projetada verticalmente contra «os lá de cima» ou «os lá de baixo»;

---

1 Os conceitos usados para descrever pessoas também pertencem às poderosas técnicas de exclusão e estigmatização. Para muitos que lidam com as questões de exclusão em um contexto científico ou político-ativista, o próprio debate político-linguístico em torno das designações adequadas é um grave problema ético. Até mesmo categorias supostamente «evidentes», como «branco e negro», só repetem a atribuição e a divisão racistas que deveriam ser criticadas. Por isso, existe uma variedade de estratégias linguísticas para lidar com esse problema de forma mais sensível: da omissão e substituição de termos enviesados ao uso exclusivo de denominações em inglês, até o emprego de formas diferentes e criativas de marcação (como a escrita de «branco» com inicial minúscula e «Negro» com inicial maiúscula para reverter a hierarquização social). Contudo, essas opções político-linguísticas não raro se afastam demais dos hábitos mais comuns de fala e de escrita. De um lado, essa é exatamente a sua intenção política: afinal os hábitos devem ser mudados. Mas com isso elas podem perder sua eficácia exatamente entre as pessoas que desejam atingir. Por isso, o importante é registrar que «negro» e «branco», como empregados aqui no texto, não são de forma alguma declarados como fatos objetivos, mas como atribuições em um contexto histórico-cultural específico. Existem controvérsias impressionantes até mesmo sobre quem, com que direito, em qual contexto e com que consequências é lido e visto como «negro». Discutirei sobre o racismo e as imputações históricas de forma mais detalhada na seção sobre Eric Garner.

é sempre a categoria do «outro» que oprime ou ameaça o «próprio». O «outro» é fabulado como um poder supostamente perigoso ou como algo supostamente inferior; e assim os maus-tratos e o desejo de erradicação subsequente do outro não são reivindicados apenas como medidas *desculpáveis*, mas *necessárias*. O outro é aquele a quem alguém pode denunciar ou desprezar, ferir ou matar impunemente.[2]

Aqueles que sofrem esse ódio na própria pele, que estão expostos a ele, na rua ou na internet, à noite ou em plena luz do dia; aqueles que tem de aguentar o uso de termos que carregam toda uma história de desprezo e abuso; aqueles que recebem essas mensagens desejando ou até mesmo diretamente ameaçando-os de morte ou de uma agressão sexual; aqueles a quem não é concedido mais do que alguns direitos, cujos corpos ou véus são difamados; aqueles que devem se esconder por medo de serem atacados; aqueles que não podem sair de casa porque uma multidão brutal e violenta os espera na porta; aqueles cujas escolas ou sinagogas precisam de proteção policial; todos aqueles que são objeto de ódio não podem e não querem se acostumar a isso.

A rejeição latente contra aqueles que são percebidos como diferentes ou estranhos sem dúvida sempre existiu. Mas isso não era necessariamente percebido como ódio. Na Alemanha, isso se expressa em geral mais como uma repulsa atada a fortes convenções sociais. Nos últimos anos, também houve um mal-estar cada vez mais pronunciado em relação a um possível excesso de tolerância, questionando se aqueles que professam uma fé diferente

---

2 Giorgio Agamben também descreve assim a figura do *Homo sacer*. Giorgio Agamben, *Homo sacer: o poder soberano e a vida nua*. Tradução de Henrique Burigo. Belo Horizonte: Editora UFMG, 2007.

ou têm uma aparência diferente ou praticam outras formas de amor já não deveriam se dar por satisfeitos. Houve um reproche discreto, mas inequívoco, que dizia que judeus, homossexuais ou mulheres deveriam ser felizes e ficar em silêncio, mesmo porque já lhes havia sido concedido muito. Como se houvesse um teto de igualdade. Como se mulheres ou homossexuais pudessem ter direitos iguais até este ponto aqui e então basta. Igualdade plena? Isso seria ir longe demais. Significaria dizer que eles seriam... *iguais*.

Essa crítica específica à falta de humildade se equipara sorrateiramente ao autoelogio de uma tolerância já dada. Como se fosse uma conquista excepcional que as mulheres tenham permissão para trabalhar... então por que reivindicar o mesmo salário? Como se fosse louvável que os homossexuais já não sejam criminalizados ou presos. Isso mereceria alguma gratidão de sua parte, pelo menos. Que os homossexuais demonstrem seu amor em particular pode até ser, mas por que eles também precisam se casar em público?[3]

No que diz respeito aos muçulmanos, essa tolerância ambígua sempre se expressa na ideia de que eles até poderiam viver aqui na Alemanha, mas praticar a religião muçulmana, aí já seria demais. A liberdade religiosa só seria aceita se fizesse referência ao cristianismo. E então, ao longo dos anos, tornou-se cada vez mais comum ouvir que já era hora de terminar a eterna discussão sobre a Shoah. Como se a memória do que aconteceu em Auschwitz tivesse data de validade, como se fosse um iogurte. Como se refletir sobre os crimes

---

3 Mesmo que apenas como exercício mental, poderíamos propor o raciocínio inverso: a heterossexualidade é sem dúvida aceitável, mas por que os heterossexuais sempre têm de se mostrar tão abertamente como heterossexuais? Eles podem expressar seu amor em particular, isso não incomoda ninguém, mas por que ainda se casar?

cometidos pelo nacional-socialismo fosse o mesmo que visitar um ponto turístico para depois riscá-lo da lista de viagens pendentes.

Mas algo mudou na Alemanha. Agora odeia-se de forma aberta e descarada. Às vezes com um sorriso no rosto e às vezes não, mas na maioria das vezes sem nenhum escrúpulo. As cartas de ameaças, que sempre existiram, hoje são assinadas com nome e endereço. Delírios violentos e manifestações de ódio expressos na internet se escondem cada vez menos atrás de um pseudônimo. Se, há alguns anos, me perguntassem se eu conseguiria imaginar alguém falando *dessa maneira* novamente na Alemanha, eu teria dito que seria impossível. Para mim, era absolutamente inconcebível que o discurso público pudesse se brutalizar de novo desse modo e que as pessoas pudessem ser acossadas de forma tão desmedida. É quase como se as expectativas convencionais sobre como uma conversa deveria ser fossem reviradas. Como se os padrões de coexistência tivessem simplesmente virado de cabeça para baixo: como se aquele que considera o respeito pelos outros uma forma natural e simples de tratamento devesse ter vergonha; como se aquele que desrespeita os outros, sim, aquele que vocifera insultos e preconceitos, pudesse se orgulhar disso.

Pois bem, não me parece nenhum ganho civilizatório que alguém possa gritar, ofender e atacar de maneira irrefreável. Acho que não há progresso nenhum em poder colocar para fora qualquer baixeza interna só porque, nos últimos tempos, esse exibicionismo do ressentimento supostamente adquiriu relevância pública e até política. Como muitos outros, não estou disposta a me acostumar. Não quero que esse novo prazer em odiar livremente seja normalizado. Nem no meu país, nem na Europa, nem em nenhum outro lugar.

Porque o ódio que será discutido a seguir não é nem individual nem fortuito. Não é apenas um sentimento vago que se descarrega de repente de maneira acidental ou por uma suposta necessidade. Esse ódio é formado coletiva e ideologicamente. O ódio requer moldes pré-fabricados nos quais possa ser derramado. Os termos empregados para humilhar; as cadeias de associações e imagens que permitem conceber e classificar; os enquadramentos da percepção usados para categorizar e fazer julgamentos – tudo isso deve ser pré-formado. O ódio não brota repentinamente do nada, ele é cultivado. Todos aqueles que lhe conferem caráter espontâneo ou individual contribuem involuntariamente para que ele continue sendo alimentado.[4]

Portanto, o aumento de partidos ou movimentos agressivamente populistas na Alemanha (e na Europa) nem mesmo é o mais preocupante, já que ainda há motivos para ter esperança de que eles se decomponham com o tempo devido à arrogância individual, às suas animosidades mútuas ou, simplesmente, à falta de pessoal capaz de realizar profissionalmente um trabalho político. Isso sem mencionar os seus programas antimodernos, que negam a realidade social, econômica e cultural de um mundo globalizado. É provável que esses partidos também percam sua atratividade quando forem forçados a participar de debates públicos nos quais tenham de argumentar e reagir às declarações de seus interlocutores, quando forem obrigados a ter uma discussão objetiva e factual sobre questões complexas. Também é provável que percam sua particularidade aparentemente dissidente quando tiverem de concordar com os outros partidos nos

....

4 Neste livro, não serão abordadas patologias ou psicoses individuais que também podem se manifestar em atos de ódio ou violência (como homicídios ou massacres realizados por aqueles que sofrem de um distúrbio mental, como ataques de fúria). Até que ponto essas disposições psíquicas são, em cada caso particular, reforçadas ou desencadeadas em momentos de mobilização político-ideológica de ódio deve ser objeto de uma análise independente.

pontos em que se é apropriado fazê-lo. Isso apenas reforça a crítica de outros aspectos que os caracterizam. Por último, mas não menos importante, talvez fossem necessárias reformas econômicas abrangentes para abordar o descontentamento social gerado pelo aumento da desigualdade e pelo medo da pobreza na velhice em regiões e cidades estruturalmente fracas.

Muito mais ameaçador é o clima de fanatismo. Tanto na Alemanha quanto em outros lugares. Essa dinâmica de uma rejeição cada vez maior contra aqueles que têm outras crenças ou mesmo nenhuma, contra aqueles que têm outra aparência ou amam de maneira distinta daquela que uma norma determina. Esse crescente desprezo por tudo que é divergente está se espalhando e, pouco a pouco, prejudicando a todos nós. Porque nós, seja como objeto ou como testemunhas desse ódio, muitas vezes nos calamos aterrorizados; porque nos deixamos intimidar; porque não sabemos como lidar com esses gritos e com o terror; porque nos sentimos impotentes e paralisados; porque o horror nos deixa sem palavras. Porque, infelizmente, esse é um dos efeitos do ódio: ele deixa transtornados todos aqueles que estão expostos a ele, desorientando-os e fazendo-os perder a confiança.

O ódio só pode ser enfrentado na medida em que se rejeita o convite a sua reprodução. Quem enfrenta o ódio com mais ódio já foi manipulado, aproximando-se daquilo que aqueles que odeiam desejam que a pessoa se torne. O ódio só pode ser combatido com o que escapa aos que odeiam: observação cuidadosa, diferenciações contínuas e dúvidas sobre si mesmo. Isso requer desmontar o ódio pouco a pouco em todas as suas partes, separando-o como um sentimento agudo de seus pressupostos ideológicos e observando como ele surge e opera em um contexto histórico, regional e cultural específico. Pode parecer pouco. Pode soar modesto. Pode-se objetar que os verdadeiros fanáticos não seriam atingidos dessa forma. Pode ser. Mas já ajudaria se as fontes das quais o ódio se nutre, as estruturas que o possibilitam e os mecanismos aos quais ele obedece fossem mais facilmente reconhecíveis. Já ajudaria se aqueles que apoiam e aplaudem o ódio fossem privados de sua autoconfiança. Se aqueles que preparam o ódio à medida que impõem seus padrões de pensamento e de olhar fossem desprovidos da sua ingenuidade imprudente ou do seu cinismo. Se aqueles que se engajam pacífica e discretamente não precisassem mais se justificar, mas sim aqueles que os desprezam. Se aqueles que, por razões óbvias, vão ao encontro de pessoas necessitadas não precisassem mais explicar seus motivos, mas sim aqueles que rejeitam o óbvio. Se aqueles que desejam uma convivência aberta e fraterna não precisassem mais se defender, mas sim aqueles que a corroem.

Observar o ódio e a violência a partir das estruturas que os tornam possíveis significa também tornar visível o contexto das justificativas antecedentes e dos consentimentos subsequentes, sem os quais o ódio e a violência não poderiam germinar. Observar as diferentes fontes das quais se alimentam o ódio ou a violência em um caso específico serve para refutar o mito bem conhecido de que o ódio seria algo natural, algo que nos seria dado. Como se o ódio fosse mais autêntico do que o apreço. Mas o ódio não vem do nada. É algo que é fabricado. A violência também não surge do nada. Ela é preparada. Qual a direção tomada pelo ódio e pela violência, contra quais pessoas eles são direcionados, quais os limiares e obstáculos que precisam ser demolidos – tudo isso não é aleatório nem algo dado sem mais nem menos, mas, sim, canalizado. Se, pelo contrário, não condenarmos apenas o ódio e a violência, mas observarmos seus modos de funcionamento, estaremos demonstrando sempre que algo *diferente* poderia ter sido feito, que *outra* decisão poderia ter sido tomada, que alguém poderia ter *intervindo*, que alguém poderia ter *desistido*. Descrever o ódio e a violência em seu decurso preciso sempre envolve a possibilidade de mostrar como ambos podem ser interrompidos e enfraquecidos.

A observação do ódio não apenas a partir do momento em que ele explode numa fúria cega abre outras possibilidades de ação: determinadas manifestações de ódio são de responsabilidade da promotoria e da polícia, mas as formas de discriminação e delimitação, as pequenas e implacáveis estratégias de exclusão que se manifestam em gestos e hábitos, em certas práticas e convicções, são de responsabilidade de toda a sociedade. Como membros da sociedade civil, somos todos responsáveis por não dar espaço àqueles que odeiam para atacarem de forma certeira o seu objeto. Essa tarefa não pode ser delegada. Apoiar aqueles que são ameaçados por possuírem outra aparência, por pensarem de outra forma, por terem outra crença ou por amarem de forma diferente não exige muito esforço. São pequenas coisas que podem fazer a diferença e que podem abrir um espaço social ou discursivo para aqueles que foram expulsos dessa esfera. O gesto mais importante contra o ódio talvez seja não se isolar. Não se deixar confinar na tranquilidade da esfera privada, na proteção fornecida pelo próprio abrigo ou pelo círculo social mais próximo. Talvez o movimento mais importante seja sair para fora de si e avançar em direção aos outros para, com eles, reabrir juntos os espaços sociais e públicos.

Aqueles que estão expostos ao ódio, que foram abandonados a ele, sentem-se como na voz dolente do salmo citado anteriormente: «Nas profundezas lamacentas eu me afundo». Eles não têm onde firmar os pés. Eles se sentem como se chegassem ao fundo das águas e a torrente crescesse sobre eles. Trata-se de não deixá-los sozinhos, de ouvir seu pedido de ajuda, de não permitir que a torrente de ódio continue a crescer, de criar um terreno firme no qual todos possamos pisar. É disso que se trata.

Capítulo 1

Visível – Invisível

*Eu sou um homem invisível.[...]
A invisibilidade
à qual me refiro ocorre em função
da disposição peculiar
dos olhos das pessoas com
quem entro em contato.*

Ralph Ellison, *Homem invisível*

Ele é um homem de carne e osso. Não é um espectro nem um personagem de cinema, mas um ser com um corpo, que ocupa um espaço próprio, que lança sombras, que em tese poderia atrapalhar o caminho ou se interpor na linha de visão de alguém; é assim que se descreve o protagonista negro de *Homem invisível*, o famoso romance de Ralph Ellison, publicado em 1952.[1] É alguém que fala e olha nos olhos das pessoas. No entanto, é como se seu corpo estivesse cercado por espelhos distorcidos, nos quais aqueles que cruzam com ele só veem a si mesmos ou seus arredores. Eles veem tudo, menos ele. Como isso se explica? Por que as pessoas *brancas* não conseguem enxergá-lo?

Não é que tenham uma visão fraca ou algo que possa ser explicado pela fisiologia, trata-se apenas de uma atitude interna do observador que o ofusca e o faz desaparecer. Ele não existe para os outros. É como se fosse o ar ou um objeto inanimado, um poste de luz ou algo que, na melhor das hipóteses, tem de ser desviado, mas que não merece a menor interpelação, reação ou atenção. Não ser visto ou

---

1 As citações a seguir foram retiradas da versão publicada em português, in: Ralph Ellison, *Homem invisível*. Tradução de Mauro Gama. Rio de Janeiro: José Olympio, 2013. [N. do T.]

reconhecido, ser invisível aos olhos dos outros, é a forma mais essencial de desprezo.[2] Os invisíveis, aqueles que não são percebidos socialmente, não pertencem a nenhum «nós». Suas palavras não são ouvidas, seus gestos não são vistos. Os invisíveis não têm sentimentos, necessidades ou direitos.

A poeta norte-americana nascida na Jamaica Claudia Rankine também fala em seu livro *Citizen* da experiência de invisibilidade: um garoto negro no metrô passa «despercebido» aos olhos de um estranho que o empurra e o joga no chão. O homem não para, não ajuda o menino a se levantar, não se desculpa. Ele age como se não houvesse nenhum contato, como se aquele não fosse um ser humano. Rankine escreve: «... e você quer que isso pare, você quer que a criança empurrada ao chão seja vista, que a ajudem a se levantar, que lhe seja sacudido o pó pela pessoa que não a viu, que nunca a tinha visto, que talvez nunca tenha visto alguém que não fosse um reflexo de si mesmo».[3]

Você quer que isso termine. Você não deseja que apenas alguns sejam visíveis, apenas aqueles que correspondem a alguma imagem que alguém criou e estabeleceu como norma; você quer que para isso baste ser uma pessoa, que não sejam necessárias ainda outras características ou particularidades para que ela seja vista. Você não quer que

....

2 Veja também o belo artigo de Axel Honneth, intitulado «Unsichtbarkeit. Über the moralische Epistemologie von ‹Anerkennung›», in: Axel Honneth, *Unsichtbarkeit. Stationen einer Theorie der Intersubjektivität*. Frankfurt am Main: Suhrkamp, 2003, pp. 10-28.

3 Claudia Rankine, *Citizen*. Minneapolis: Graywolf Press, 2014, p. 17. Tradução própria. No original: «... and you want it to stop, you want the child pushed to the ground to be seen, to be helped to his feet, to be brushed off by the person that did not see him, has never seen him, has perhaps never seen anyone who is note a reflection of himself».

aqueles que têm uma aparência diferente da ditada pela norma passem despercebidos; mais ainda, você não quer que exista nenhuma norma que estabeleça o que pode e o que não pode ser visto. Você não quer que aqueles que diferem por causa da cor da pele ou por terem um corpo diferente, por amarem de outra forma, professarem outras crenças ou terem expectativas diferentes que não correspondem às da maioria sejam empurrados para o chão. Você quer que isso acabe porque é um insulto para todos nós, não apenas para aqueles que não são percebidos e acabam no chão.

Mas como surge essa «disposição peculiar dos olhos» de que Ralph Ellison fala? Por que certas pessoas se tornam invisíveis aos olhos de outras? Que tipo de exaltação promove esse modo de ver que torna alguns visíveis e outros invisíveis? Que ideias alimentam essa atitude que anula ou ofusca outras pessoas? Quem ou o que molda essa atitude? Como ela se prolifera? Que relatos históricos apoiam esses regimes do olhar que distorcem e ocultam as pessoas? Como surge a estrutura que determina os padrões interpretativos segundo os quais certas pessoas são classificadas como invisíveis e insignificantes ou como ameaçadoras e perigosas?

E, acima de tudo, o que isso significa para aqueles que já não são vistos ou percebidos como seres humanos? O que significa passar despercebido ou ser visto como uma coisa que não é? Ser visto como estrangeiro, criminoso, bárbaro, doente, em todo caso, como parte de um grupo e não como indivíduo com diferentes capacidades e inclinações, nem como um ser vulnerável com um nome e um rosto. Até que ponto essa invisibilidade social os desorienta e anula sua capacidade de se defender?

Amor

> *Os sentimentos não acreditam*
> *no princípio de realidade.*
> Alexander Kluge, *Die Kunst,*
> *Unterschiede zu machen*

«Busca-me essa flor!» Com essas palavras, Oberon, rei das fadas e dos duendes, ordena ao seu bufão, o duende Bute, que vá encontrar uma poção mágica capaz de enlouquecer de amor. O efeito da erva é fatal: quem receber algumas gotas dessa flor durante o sono se apaixonará pela primeira criatura que vir ao acordar. Mas Bute ñão é exatamente o mais inteligente dos elfos e, por descuido, não derrama a poção nos olhos dos personagens indicados por Oberon, e assim desenvolvem-se confusões e enredos extraordinários em *Sonho de uma noite de verão*.[4] Especialmente afetados são Titânia, a rainha das fadas, e Nando Fundilho, o tecelão. Bute transforma esse pobre desavisado em um ser com uma enorme cabeça de asno. O bom tecelão, inconsciente de sua deformidade, fica surpreso ao ver que, de repente, todos fogem dele. «Deus te abençoe, Fundilho, Deus te abençoe!», diz seu amigo quando vê a terrível figura e tenta contar a verdade, cheio de escrúpulos. «Estás transformado!» Fundilho acredita que é apenas uma piada de seus amigos: «isso é para me fazer de besta, para me dar um susto, como se eles pudessem», ele diz confiante, enquanto caminha e começa cantarolar.

Transformado naquele animal, Fundilho encontra Titânia na floresta, a quem já havia sido administrada a poção durante o sono. E a mágica faz efeito. Assim que vê o tecelão, Titânia se apaixona imediatamente por ele: «Também meu olho

---

[4] William Shakespeare, *Sonho de uma noite de verão*. Tradução de Beatriz Viégas-Faria. Porto Alegre: L&PM, 2011.

encantou-se com tua forma; e a força de tuas belas virtudes por força me leva, à primeira vista, dizer, jurar, que te amo».

Não tenho nada contra burros, mas uma criatura metade homem metade asno encontra-se diante de Titânia e seu «olho encanta-se» com sua figura? Como isso é possível? O que ela não está vendo ou percebe de outra maneira? É possível que Titânia não veja as enormes orelhas de Fundilho? Nem seu pelo desgrenhado? Nem mesmo seu enorme focinho? Talvez ela olhe para Fundilho, mas não reconheça seus contornos exatos, os detalhes de quem está na sua frente. O animal, como um todo, aparece-lhe como uma «forma encantadora». Pode ser que ela simplesmente anule todos os traços e características que não correspondam exatamente ao predicado «encantador». Ela está tocada, comovida, «enamorada», e essa exaltação parece ter cancelado certas funções cognitivas. Ou talvez, e essa seria outra possibilidade, ela até *veja* as orelhas enormes, o pelo hirsuto e o focinho do burro, mas, sob os efeitos da poção, ela *avalia* essas características do interlocutor de maneira diferente do que faria em circunstâncias normais. Ela vê as orelhas enormes, mas de repente elas parecem adoráveis e encantadoras.

O efeito que a poção da flor, como artifício dramatúrgico, produz no trabalho de Shakespeare é bem conhecido por todos nós: como o amor (ou o desejo) de repente nos acomete. Como ele nos pega desprevenidos e toma conta de nós totalmente. Como ele rouba nossos sentidos. Isso é fascinante. Ora, Titânia não se apaixona por Fundilho por causa de sua aparência, mas simplesmente porque é o primeiro que ela vê assim que acorda. É bem provável que ela até o ame em seu estado de encantamento e que o que enxerga nele lhe pareça de fato amável. Ela poderia até listar os motivos pelos quais o ama, no entanto eles não seriam o verdadeiro motivo de seu amor. Na história do amor entre Titânia e Fundilho, Shakespeare fala daqueles estados emocionais nos quais a causa e o objeto das emoções não coincidem. Para alguém que não dormiu bem e está irritado, qualquer motivo fútil parecerá uma oportunidade de descarregar sua raiva. Isso provavelmente afetará a primeira pessoa que encontrar, que nem vai saber o porquê de tal coisa ter acontecido com ela, nem sequer qual foi a causa daquela raiva. Uma emoção pode muito bem ser *disparada* por algo diferente da pessoa, coisa ou evento aos quais é *dirigida*. Fundilho é o objeto do amor de Titânia, mas não a sua causa.

E algo mais se esconde nessa história: o amor, assim como outras emoções, é baseado em *modos ativos de olhar*. Titânia não contempla Fundilho, o objeto de seu amor, de maneira neutra, mas julga-o e atribui um valor a ele: «encantador», «virtuoso», «formoso», «desejável». Assim, a paixão, com o ímpeto que a caracteriza, impede eventuais percepções inadequadas porque indesejáveis: referências às características ou costumes desagradáveis da pessoa desejada se tornam invisíveis aos olhos do amante. Pelo menos na primeira fase da embriaguez amorosa, tudo o que poderia falar contra esse amor, tudo o que poderia se opor ao próprio sentimento e ao desejo, é reprimido. Assim, o objeto do amor se *molda* ao amor.

Certa vez, muitos anos atrás, um jovem intérprete afegão me explicou por que fazia sentido os pais escolherem a noiva para o filho. Afinal, argumentou ele de forma delicada, mas enfática, a paixão nos deixa completamente cegos e incapazes de avaliar se a mulher amada seria realmente a mais apropriada. Por experiência, sabemos que o amor, como forma de perturbação mental, não dura para sempre, o efeito mágico da erva shakespeariana esmorece... e aí? Aí seria mesmo muito melhor que a própria mãe, com um olhar sóbrio, antes escolhesse uma mulher que também fosse adequada para além das loucuras de amor. O jovem tradutor não vira o rosto descoberto da esposa até o dia do casamento, e só havia falado com ela pela primeira vez naquela mesma noite. Ele estava feliz? Sim, muito.[5]

Existem muitas formas de ofuscamento. O amor é apenas um dos sentimentos que nos turvam a realidade. No amor, o partidarismo inabalável é compreensível, pois ele revaloriza sua contraparte e concede um bem-intencionado adiantamento. Porque o amado *lucra* com tal projeção. Em certo sentido, o amor impressiona com seu poder de transcender todos os obstáculos ou os obstáculos que se apresentam no plano da realidade. Quem ama não quer lidar com dúvidas ou impedimentos. Quem ama não quer se justificar. Qualquer argumento ou referência a essa ou aquela característica age para os amantes como se isso reduzisse o amor. Curiosamente, o amor é uma forma de reconhecimento de outra pessoa que não pressupõe necessariamente o conhecimento. Ele apenas pressupõe que eu atribua ao outro certas características que o tornem «encantador», «virtuoso», «formoso», «desejável».[6] Mesmo que sejam orelhas de burro e um pelo desgrenhado.

---

5 Essa narrativa não serve aqui como uma recomendação de algo que deva ser imitado – digo isso por precaução, caso ainda não tenha ficado claro. Ela apenas ilustra o ideal shakespeariano de amor como uma projeção temporária.

6 Assim, é possível distinguir entre o objeto e o «objeto formal» de uma emoção. Ver William Lyons, «Emotion», in: Sabine A. Döring (Org.), *Philosophie der Gefühle*. Frankfurt am Main: Suhrkamp, 2009, pp. 83-110.

Esperança

*O insensato tem esperanças
vãs e ilusórias.*
Eclesiástico, 34,1

No mito de Pandora, como nos conta Hesíodo, Zeus envia Pandora para a Terra com uma caixa cheia de vícios e males. O recipiente com todos os horrores até então desconhecidos pelos homens deveria permanecer fechado a todo custo. No entanto, quando Pandora, movida pela curiosidade, levanta a tampa e olha para dentro, a doença, a fome e a aflição escapam da caixa e se espalham pela Terra. Mas o que Pandora não percebe ao fechar novamente a tampa é a esperança, que permaneceu no fundo da caixa. Para Zeus, portanto, a esperança pertencia claramente aos males. Mas por quê? Ela não seria algo bom? Algo que nos inspira, nos dá ânimo e nos leva a boas ações? A esperança, assim como o amor, não seria algo indispensável?

Certamente, mas essa narrativa não se refere à esperança entendida como uma previsão bem fundamentada ou uma confiança existencial. Esse tipo é desejável e necessário. Hesíodo, no entanto, escreve sobre uma forma de esperança vazia, que é baseada em suposições ilusórias. Quem sente essa esperança sofre com a tendência de se convencer de que aquilo que deseja vai de fato acontecer. Isso é um tipo de antecipação infundada que simplesmente ignora o que poderia ser, contudo, percebido. Nesse contexto, Immanuel Kant fala do «partidarismo da balança da razão», isto é, uma forma de parcialidade vinda da esperança.

Quem deseja a todo custo que algo termine bem afasta qualquer olhar de evidências que possam mitigar essa esperança. Tudo o que se opõe ao cenário desejado é, consciente ou inconscientemente, ofuscado e tornado invisível. Sejam perspectivas militares, econômicas ou médicas, a esperança obscurece facilmente a visão de quaisquer detalhes ou pistas que contradigam as próprias suposições. Eles perturbam porque dão motivos para revisar o prognóstico favorável demais. Eles também de certa forma irritam porque freiam o impulso otimista, o próprio desejo de que as coisas sejam como se quer. É preciso esforço para enfrentar a realidade desagradável, complicada e ambivalente.

Se um amigo nos garante que não é viciado, então desejamos que isso seja verdade. Nós observamos como ele bebe, como o ritmo dos encontros com seus amigos e conhecidos se adapta gradativamente ao progresso de seu vício, como o vício o aliena de si mesmo com o passar do tempo – e, contudo, não queremos reconhecer. Esperamos estar errados, não ter de vivenciar o que vivenciamos: um amigo está doente e nós o estamos perdendo. Esperamos a sua melhora, mas, ao mesmo tempo, a evitamos, porque ela só poderia começar quando não se tem uma visão distorcida do vício.

Às vezes, a esperança não ignora os maus presságios, mas os reinterpreta. Ela os adapta a uma leitura mais favorável e mais alegre, porque, obviamente, promete um final melhor. Uma narrativa que pode muito bem ser mais feliz porque exige menos de quem espera. Talvez em algum momento nosso amigo compreenda sua dependência, e sigam-se conversas nas quais ele garante ter desvendado todos os mecanismos de seu próprio vício. Ele se analisa melhor do que jamais teríamos feito. E, mais uma vez, esperamos um final feliz. Todos os indícios que poderiam contradizer essa esperança, tudo o que faz com que a própria expectativa se revele como algo irreal ou ingênuo se torna invisível. A tudo isso talvez possa ser adicionado o fato de que tendemos a evitar conflitos. Quem gosta de contar a um amigo algo que ele não quer ouvir? Quem está disposto a intervir se souber que isso pode incomodar e arriscar uma amizade? Dessa maneira, a esperança enganosa continua a esconder o óbvio: uma pessoa está doente e está destruindo a si mesma.

Preocupação

Quem possuo é meu a fundo,
Lucro algum lhe outorga o mundo;
Ronda-o treva permanente,
Não vê sol nascente ou poente;
Com perfeita vista externa
No Eu lhe mora sombra eterna,
E com ricos bens em mão,
Não lhes frui a possessão.

A Apreensão, Johann Wolfgang von Goethe,
Fausto. Uma tragédia. Segunda parte[7]

«Quem possuo é meu a fundo, lucro algum lhe outorga o mundo.» Com essas palavras, o personagem da Preocupação se apresenta no *Fausto*, de Goethe. É meia-noite, «quatro sombrios vultos de mulher» – a Penúria, a Insolvência, a Privação e a Apreensão [Preocupação] – querem assombrar o velho Fausto no palácio, mas a porta está trancada. Apenas a Preocupação consegue passar pelo buraco da fechadura. Quando Fausto se dá conta, tenta manter a Preocupação longe dele, rechaçando o que ela diz: «Para! assim não me pegarás! / Não quero ouvir-te a absurda lábia. / Seria

....

[7] Johann Wolfgang von Goethe, *Fausto: uma tragédia – Segunda parte*. Tradução de Jenny Klabin Segall. 5ª ed. São Paulo: Editora 34, 2017, pp. 957-958. Apesar de serem citados aqui e mais adiante trechos da excelente versão de Jenny Klabin Segall, decidimos utilizar o termo em português «preocupação» no lugar de «apreensão» para a tradução da palavra alemã *Sorge*, pois ela carrega a mesma ambiguidade do termo germânico, ou seja, seu significado pode ser tanto «aflição» quanto «cuidado» – e essa ambivalência é explorada no texto por Emcke. [N. do T.]

ladainha tal capaz / De perturbar até a razão mais sábia». Fausto conhece bem o perigoso poder da Preocupação, sabe como ela é capaz de transformar até os dias mais insignificantes em uma «malha horrenda», de tornar qualquer posse e fortuna em algo inútil e de cobrir todas as perspectivas mais favoráveis com um véu sombrio. Contudo, não importa o quanto Fausto se esforce, a Preocupação não se deixa ir embora. Antes de finalmente partir, ela lança um hálito no rosto de Fausto e ele fica *cego*.

A Preocupação, como descrita por Goethe, toma conta do interior da pessoa. Perdida a visão, o mundo exterior desaparece ao Fausto cego. Ele «vê» apenas os demônios que amarguram sua existência, porque estes fazem com que tudo pareça preocupante, ameaçador e impeditivo. Enquanto a esperança ofusca aquilo que se opõe à sua expectativa otimista, a preocupação nega o que poderia invalidar seus maus presságios.

Obviamente, também existem formas legítimas de preocupação que têm a ver com o cuidado, a atenção, a diligência aos outros. No entanto, o que nos interessa neste momento é esse tipo de preocupação que se alimenta de si mesma e nega o que deveria ser visto e conhecido. A preocupação que não admite ser questionada, que anula tudo aquilo que a contradiz. Assim como o amor e a esperança, a preocupação lança o olhar para algo no mundo. Mas, nesse caso, algo que é apreendido como um (suposto) motivo de preocupação. Entretanto, assim como Titânia pode explicar suas razões para amar Fundilho, embora ele próprio não seja a razão de sua paixão, a preocupação também pode ser direcionada a algo que não dá nenhum motivo para se preocupar. O objeto da preocupação não precisa coincidir necessariamente com sua causa. Portanto, o objeto da preocupação pode ser às vezes *moldado* a ela.

Quem pensa que a Terra é plana talvez fique muito preocupado com a ideia de *cair*. Essa apreensão diante do abismo decerto pode ser explicada racionalmente: se a Terra é plana, logo ela tem uma borda da qual se pode cair. Associar a esse limite a existência de um abismo – e, portanto, sentir medo – é completamente justificado. Aqueles que se preocupam porque pensam que a Terra é plana são incapazes de entender como os outros ficam tão tranquilos, como podem viver relaxados diante da ilusão de que esse perigoso abismo não existe. Aqueles que se preocupam com a possibilidade de alguém cair da beirada da Terra não entendem por que não são tomadas mais medidas para combater esse perigo. Eles são desencorajados pela cegueira dos políticos ignorantes e cegos para a realidade, incapazes de proteger os cidadãos, que se recusam a instalar zonas de segurança e até mesmo refutam a existência de qualquer abismo. Esse raciocínio é absolutamente plausível. Só que a Terra não *é* plana.

Talvez a causa, isto é, o que constitui o real motivo de preocupação, seja muito ampla ou vaga demais para ser concebida. Talvez o que preocupe alguém não possa ser *apreendido*, justamente porque dá medo, e esse mesmo medo paralisa. Logo, a preocupação procura outro objeto mais administrável, algo que possa ser focalizado e que não imobilize, que leve à ação. Nem que seja por um momento. Então, durante esse breve momento, conseguem-se anular os fenômenos ameaçadores e aterrorizantes ou substituí-los por outros mais fáceis de combater.

Hoje em dia, a preocupação está passando por um impressionante processo de revaloração. Há a sugestão retórica de que em toda preocupação se articula um mal-estar legítimo, uma exaltação, que a política tem de levar a sério e que de forma alguma deve ser criticado. Como se sentimentos não filtrados fossem justificados *per se*. Como se sentimentos irrefletidos tivessem sua própria legitimidade. Como se os sentimentos não tivessem apenas de ser sentidos, mas também imediatamente expostos e expressos em público, sem nenhuma objeção.

Como se qualquer tipo de reflexão ou ponderação, qualquer forma de ceticismo contra os próprios sentimentos e convicções representasse um limite inaceitável quando se trata de satisfazer as próprias necessidades. Dessa maneira, a preocupação é elevada a uma categoria política com autoridade peculiar.

Obviamente, existem preocupações sociais, políticas ou econômicas sobre as quais é possível debater publicamente. Sem dúvida, existem motivos compreensíveis para que pessoas mais desprotegidas, mais vulneráveis, mais marginalizadas do que outras se preocupem com a crescente desigualdade social, com as perspectivas incertas de emprego para os filhos, com a falta de recursos nos municípios ou com a deterioração progressiva das instituições públicas. E é claro que é legítimo questionar onde e como expressar suas próprias dúvidas e necessidades políticas e sociais. Eu certamente compartilho de algumas preocupações relacionadas à resposta política à imigração: como evitar essa política habitacional míope que constrói habitações precárias às pressas para acomodar um grande número de pessoas em locais remotos que amanhã serão taxados de «guetos» sociais e culturais. Como articular uma política educacional que não só atinja os jovens que o mercado de trabalho demanda, mas também suas mães que têm de lidar com o idioma com o qual os filhos e os netos crescerão, o idioma da administração pública e do mundo que os rodeia. Como proteger os refugiados do crescente racismo e da violência. Como evitar uma hierarquia de sofrimento ou da pobreza entre os diferentes grupos que são discriminados. Como criar uma cultura da memória sem transformá-la em uma história étnica que exclui outros grupos. Como abrir e expandir a narrativa do passado sem perder a referência à Shoah. Todas essas são preocupações cuja urgência não consigo medir. Mas elas podem ser debatidas publicamente e confrontadas por uma crítica racional.

Diferentemente, o conceito de «cidadão preocupado»[8] está sendo usado como um escudo discursivo para impedir a busca de motivos racionais que justifiquem esse estado de preocupação. Como se as preocupações fossem, por si só, um argumento preciso no debate público – e não mera exaltação ou sentimento que pode ser legítimo ou ilegítimo, adequado ou inapropriado, razoável ou exagerado. Como se na preocupação, assim como no amor ou na esperança, não fosse apropriado perguntar a que ela se refere, o que a desencadeou e se causa e objeto coincidem. Como se a preocupação não tivesse o poder de que Goethe fala no *Fausto*: de obscurecer o olhar de quem é tomado por ela, impedindo o reconhecimento de tudo que é estável e seguro, de qualquer forma de felicidade ou prosperidade.

Isso não implica menosprezar os que se importam. Mas eles devem permitir que aquilo que se apresenta como uma preocupação seja cuidadosamente observado e desmontado em suas partes constituintes. Aqueles que se importam devem estar dispostos a distinguir entre uma preocupação e o que a filósofa Martha Nussbaum chama de «nojo projetivo»,[9] isto é, a simples rejeição de outras

---

8 A expressão «cidadão preocupado» [*besorgter Bürger*] tornou-se uma espécie de chavão político que ganhou visibilidade na Alemanha por ser utilizada diversas vezes como forma de autodefinição pelos participantes das manifestações do movimento PEGIDA (sigla para *Patriotische Europäer gegen die Islamisierung des Abendlandes* – literalmente, Europeus Patrióticos contra a Islamização do Ocidente). Por isso, o termo foi sendo gradativamente associado aos defensores do populismo de direita na Alemanha. Uma expressão semelhante no Brasil seria «cidadão de bem», frequentemente empregada como autodefinição por aqueles que defendem valores conservadores ou iliberais. Mas, por causa das relações argumentativas e conceituais empreendidas pela autora neste capítulo a partir da palavra «preocupação», optou-se por uma tradução mais literal. [N. do T.]

9 Martha Nussbaum, *Sem fins lucrativos: por que a*

pessoas sob o pretexto de se proteger delas. Existem inúmeras forças de um tipo afetivo que comprometem a disposição de uma sociedade em mostrar compaixão e que diferem claramente da preocupação. Para Nussbaum, além do medo e do nojo projetivo, o narcisismo é uma dessas forças.

Hoje em dia, quem fala em «cidadãos preocupados» quer, acima de tudo, salvá-los do que poderia ser politicamente ou moralmente criticável. «Cidadãos preocupados»: isso não teria nada a ver com pessoas racistas ou de extrema direita. Ninguém quer ser racista. Nem o próprio racista deseja ser racista, porque pelo menos esse rótulo (embora talvez não o que ele designa) se tornou um tabu social. Por isso, a preocupação funciona como um sentimento encobridor. Ela encobre a xenofobia que, às vezes, lhe é inerente e, portanto, protege de qualquer crítica. Dessa maneira, o tabu é cumprido e, ao mesmo tempo, minado. A rejeição social à xenofobia é confirmada ao mesmo tempo que é questionada. Porque apresentar como preocupação o que todavia esconde um sentimento de nojo, ressentimento e desprezo faz com que o limiar do aceitável seja deslocado.

Os «cidadãos preocupados» podem odiar imigrantes, demonizar muçulmanos, sentir uma profunda rejeição e desprezo por aqueles que possuem uma aparência diferente, amam de maneira distinta, professam outra fé ou têm opinião diferente, mas a preocupação, supostamente intangível, mascara essas convicções e afecções. O que é sugerido é que o «cidadão preocupado» é intocável. E haveria algo moralmente reprovável na preocupação? Como se numa sociedade tudo tivesse de ser permitido, como se não houvesse normas aceitáveis ou

---

democracia precisa das humanidades. Tradução de Fernando Santos. São Paulo: WMF Martins Fontes, 2015, p. 33.

inaceitáveis, porque qualquer norma poderia limitar o livre egocentrismo do indivíduo.

A expressão «cidadãos preocupados» não está apenas na boca daqueles que se escondem atrás dessa denominação, como os apoiadores do movimento PEGIDA[10] ou do Partido Alternativa para Alemanha (AfD), mas também alguns jornalistas já estão contribuindo para essa curiosa transfiguração da exaltação. A mídia, no entanto, deve analisar as causas e os objetos de tais preocupações de maneira calma e diferenciada, fundamentando-as quando elas puderem ser justificadas e criticando-as quando não tiverem base real e factual. O dever jornalístico não é dar razão aos leitores em tudo, nem apoiar logo de cara movimentos sociais de maior ou menor importância, mas analisar seus motivos, argumentos, estratégias, métodos e, se necessário, esclarecê-los criticamente.

É necessário perguntar se esse ódio encoberto pela «preocupação» pode estar funcionando interinamente como um espaço (ou válvula de escape) para dar vazão às experiências coletivas de privação de direitos, de marginalização e de falta de representação política. Nesse sentido, também é necessária uma pesquisa objetiva sobre as origens dessa energia que hoje é descarregada em tantos lugares na forma de ódio e violência. Além disso, as sociedades afetadas podem de maneira autocrítica se perguntar por que não conseguem detectar antecipadamente as infrações às quais o ódio e o fanatismo identitário são apenas a resposta errada.

---

10 PEGIDA (sigla em alemão para Europeus Patrióticos contra a Islamização do Ocidente) é um movimento nacionalista, ultraconservador, anti-islâmico e xenófobo, fundado em outubro de 2014 por Lutz Bachmann, na cidade de Dresden. Desde então, realiza manifestações em diferentes cidades alemãs (às vezes registradas e organizadas por outros grupos ou extremistas de direita) contra o que seus apoiadores acreditam ser a islamização e as políticas de imigração e asilo da Alemanha e da Europa. [N. do T.]

Quais cortinas ideológicas impedem a percepção do descontentamento gerado pela desigualdade social?

A esse respeito, acredito que as reflexões de Didier Eribon – na linha de Jean-Paul Sartre – são as mais promissoras, pois afirmam que os grupos e os nichos particularmente propensos ao fanatismo e ao racismo são formados de experiências negativas. Para Sartre, existem certos grupos, que ele chama de «séries», constituídos por processos de adaptação passivos e irrefletidos em um ambiente restritivo e relutante. Portanto, o que dá coesão a essas séries é o sentimento de desamparo diante da realidade social, e não tanto o sentimento de identificação ativa e consciente a um propósito ou a uma ideia.[11] Eribon observa especialmente a inclinação da classe trabalhadora francesa a se aproximar do partido de extrema direita *Front National*. Contudo, a análise estrutural do surgimento de grupos e movimentos formados não tanto com um objetivo político ou autoafirmativo, mas mais fortemente caracterizados por experiências (ou objetos) materiais e negativos, também deve interessar a outros contextos e meios. O racismo ou fanatismo como motivo de comunitarização deslocam, por assim dizer, o que na verdade deveria unir os indivíduos: «é em grande parte a ausência de mobilização ou autopercepção como pertencente a um grupo social mobilizado ou unido porque potencialmente mobilizável e, portanto, sempre mobilizado mentalmente, que permite à divisão racista suplantar a divisão em classes».[12]

---

11 Para um estudo mais detalhado sobre esse modelo de identidade passiva baseado na obra de Jean-Paul Sartre e também de Iris Marion Young, cf.: Carolin Emcke, *Kollektive Identitäten*. Frankfurt am Main: Campus, 2000, pp. 100-138. Verificar em que medida o modelo é aplicável às diferentes formas e configurações de fanatismo exigiria uma análise mais completa e específica que excederia o escopo deste livro.

12 Didier Eribon, *Retour à Reims*. Paris: Fayard, 2009, p. 152.

De acordo com essa leitura, seria necessário minar os padrões racistas e nacionalistas (e, assim, proteger os que estão sujeitos a eles) para depois expor os problemas sociais que foram negligenciados ou sobrepostos. Talvez essa seja a tragédia particular dos dogmáticos e fanáticos iliberais: a de não abordar precisamente as questões que geram descontentamento político legítimo. «O maior perigo da preocupação é que, sob o pretexto de achar uma solução para o problema, ela própria se torna um obstáculo para encontrá-la.»[13]

Ódio e Desprezo
Parte 1: Misantropia contra Determinado Grupo
(Clausnitz)

Monstruosidade e invisibilidade são duas subespécies do outro.
Elaine Scarry, *A dificuldade de imaginar outras pessoas*

O que é que eles estão vendo? O que eles veem e eu não? O vídeo é curto. Muito curto, talvez. Dá para ser visto repetidas vezes, e mesmo assim permanece incompreensível. A escuridão envolve a cena como um manto; no centro, como principal fonte de luz, a inscrição amarelo-esverdeado «Prazer em Viajar»; à esquerda tem algo meio quadrado e amarelo, provavelmente o espelho externo do ônibus; em primeiro plano, vê-se apenas a nuca de pessoas do lado de fora do ônibus, com os braços esticados em direção aos passageiros, polegar para cima e o indicador para a frente, enquanto gritam alto: «Nós somos o povo». Em nenhum momento do vídeo dá para vê-los de frente. Eles existem apenas como mãos em movimento, como um slogan coletivo, que justificasse a si mesmo ou o

---

13 Jürgen Werner, *Tagesrationen*. Frankfurt am Main: tertium datur, 2014, p. 220.

ódio contra os outros. «Nós somos o povo», uma citação histórica que se refere às Manifestações das Segundas-feiras,[14] mas neste momento aqui na Saxônia significa: «Vocês não são», «somos nós que decidimos quem e quem não deve pertencer ao povo».[15]

O que ou quem eles veem à sua frente?

A câmera dá um pequeno zoom no para-brisa do ônibus. Dentro, podem-se distinguir sete pessoas que estão na parte da frente, sentadas ou em pé. À direita está o motorista, imóvel e com um boné bem puxado ao rosto; à esquerda, na primeira fila de assentos, há duas mulheres mais jovens; no corredor, dois homens de costas, virados para a multidão que vocifera do lado de fora, parecem conversar com os refugiados petrificados no ônibus. Um dos homens abraça um garoto. Você só vê as duas mãozinhas apertando as costas dele.

Há quanto tempo eles estão lá sentados? Há quanto tempo o veículo está bloqueado? Será que já houve alguma conversa com aqueles que estão lá gritando e bloqueando o ônibus? As respostas a

....

14 As Manifestações das Segundas-feiras [*Montagsdemonstrationen*] foram fundamentais para a Revolução Pacífica na antiga República Democrática da Alemanha. O termo se refere às manifestações em massa que ocorreram inicialmente em 4 de setembro de 1989 em Leipzig e que, posteriormente, vieram a se repetir em diversas cidades da Alemanha Oriental, como Dresden, Halle, Magdeburg, Rostock, Potsdam e Schwerin. A cada semana, centenas de milhares de pessoas iam às ruas contra o governo socialista, bradando «Nós somos o povo! Nós somos o povo!» – mote para a reivindicação de uma reorganização pacífica e democrática, que viria a ocorrer em seguida. [N. do T.]

15 O «lema fundamental de todos os populistas [...] é mais ou menos assim: ‹Nós – e somente nós – representamos o verdadeiro povo›», in: Jan-Werner Müller, *Was ist Populismus*. Berlim: Suhrkamp, 2016, p. 26. Müller também se pergunta qual seria a diferença se o slogan fosse completado com apenas mais uma palavra: «Nós *também* somos o povo».

essas perguntas não podem ser obtidas pelas imagens. Uma mulher mais velha com um véu bege sobre o rosto está de pé no corredor e olha para a multidão enfurecida na frente do ônibus. Obviamente enraivecida, ela gesticula para aqueles que gritam lá fora e dá uma cusparada ou, pelo menos, faz o gesto de cuspir. Assim como aqueles que estão do lado de fora, com seu «Nós somos o povo», sinalizam que «vocês não são daqui», «vocês não pertencem a este povo», «sumam daqui», o gesto de cuspir representa uma espécie de «Não», «não merecemos essa humilhação». «Não, esse comportamento é inadmissível.» «Não, quem quer pertencer a um povo que se comporta dessa maneira?»[16]

Então a criança é tirada do abraço protetor e, pela primeira vez, vê-se um menino de jaqueta azul com capuz e o rosto descomposto, provavelmente chorando, que olha para aqueles cujas palavras de ordem ele não entende, mas cujos gestos não deixam dúvidas. Ele tem de sair agora. O garoto é levado pela porta da frente em direção à escuridão, onde agora gritam «fora daqui! fora daqui!». Dentro do ônibus, agora veem-se bem as duas mulheres na primeira fila se abraçando, uma escondendo o rosto no ombro da outra, enquanto esta enxuga as lágrimas dos olhos.

O que eles estão vendo? Aqueles que estão lá fora, gritando? O vídeo de Clausnitz foi objeto de inúmeros debates e comentários. Quase todo mundo reagiu com horror e indignação. Falou-se em «vergonha», em «manada», e a maioria tentou se distanciar da cena, falando ou escrevendo. De início, eu reagi com espanto. Antes do horror, havia a incompreensão. Como isso *se dá*? Como é possível

---

[16] Isso lembra uma frase de Frantz Fanon: «Compreende-se, depois de tudo o que foi dito, que a primeira reação do negro seja a de dizer não àqueles que tentam defini-lo». Frantz Fanon, *Pele negra, máscaras brancas*. Tradução de Renato da Silveira. Salvador: EDUFBA, 2008, p. 48.

ver aquela criança chorando, as duas jovens mulheres assustadas na primeira fila do ônibus e ainda gritar «fora daqui»? Eles estão vendo pessoas amedrontadas, mas não percebem nem o medo nem os seres humanos. Quais técnicas de embotamento ou ofuscação estão sendo aplicadas? Que pressupostos ideológicos, emocionais e psíquicos condicionam essa visão que não percebe as pessoas como seres humanos?

Em Clausnitz, as pessoas não são apenas tornadas invisíveis; os refugiados no ônibus não passam despercebidos, como o garoto do metrô no texto de Claudia Rankine. Eles não são ignorados, mas são percebidos como algo que vale a pena odiar. «O ódio pressupõe uma completa apreensão do objeto», escreveu Aurel Kolnai em sua análise de sentimentos hostis, «esse deve ser de alguma forma objetivamente importante, significativo, perigoso, poderoso.»[17] Nesse sentido, o lema «Nós somos o povo» realmente não basta. Não se trata apenas de que alguns supostamente pertencem a esse lugar, e outros não. Isso seria trivial demais. De forma que os recém-chegados também poderiam ser simplesmente ignorados como irrelevantes. Então «o povo» poderia muito bem ter ficado em casa naquela noite para se dedicar a coisas mais importantes. O que acontece aqui, entretanto, é diferente.

Por um lado, os refugiados do ônibus se tornam *invisíveis* como indivíduos. Eles não são vistos como parte de um «nós» universal. Eles são negados como seres humanos com uma história particular, com experiências e características distintas. Ao mesmo tempo, tornam-se *visíveis* ou são construídos como os outros, como um «não nós». Sobre eles são projetadas características que os constituem e os marcam como um coletivo estranho, repulsivo

---

17 Aurel Kolnai, *Ekel Hochmut Hass. Zur Phänomenologie feindlicher Gefühle*. Frankfurt am Main: Suhrkamp, 2007, p. 102.

e perigoso. «Monstruosidade e invisibilidade são duas subespécies do outro», escreve Elaine Scarry, «um é visível ao extremo e repele a atenção que atrai, enquanto o outro é incapaz de atrair atenção e, portanto, está ausente desde o início.»[18]

Há ódio nessa cena de Clausnitz, e, no ódio, seu objeto deve ser concebido como algo monstruoso e existencialmente importante. Isso pressupõe uma inversão particular das relações de poder existentes. Embora aqueles que acabaram de chegar estejam obviamente indefesos, mesmo que não disponham de outros bens além do que sobreviveu à fuga dentro de uma sacola plástica ou de uma mochila, mesmo que não falem um idioma em que possam se expressar ou se defender, mesmo que já não tenham um lar, é necessário atribuir-lhes um grande perigo contra o qual os supostos cidadãos indefesos devem se defender.

No vídeo, três grupos de pessoas que estão em volta do ônibus podem ser distinguidos: de um lado, existem aqueles que gritam e vociferam palavras de ordem; de outro, aqueles que assistem à cena; e, em terceiro lugar, os oficiais da polícia.

Primeiro grupo: até hoje, pouco se sabe sobre os homens que urravam palavras de ordem diante do ônibus. Ainda é um grupo difuso, às vezes chamado de «multidão», às vezes de «turba» e às vezes de «manada». Não me identifico com nenhum desses termos. Eu não sou a favor de condenar as pessoas como tais.[19] Nada se sabe sobre a idade ou

---

18 Elaine Scarry, «Das schwierige Bild der Anderen», in: Friedrich Balke et al. (Org.), *Schwierige Fremdheit*. Frankfurt am Main: Fischer, 1993, p. 242.

19 O único termo que de outra forma me pareceria adequado seria «malta» no sentido de Canetti: «A malta consiste em um grupo de pessoas excitadas que nada mais deseja tão veementemente do que *ser mais*». Elias Canetti, *Massa e poder*. Tradução de Sérgio Tellaroli. São Paulo: Companhia das Letras, 1995, p. 93.

o grau de instrução deles, nem sobre suas formações sociais ou religiosas, se trabalham ou estão desempregados e se alguma vez já tiveram contato com refugiados em sua própria região. Não é tanto a biografia daqueles que odeiam que me interessa aqui. Menos ainda se, individualmente, eles se consideram «de direita», se têm vínculos com qualquer organização ou partido político, se sentem-se próximos ao partido AfD ou ao Die Linke (partido da antiga esquerda comunista), se ouvem música de bandas neonazistas, como «Sachsenblut» ou «Killuminati», ou mesmo baladas românticas de «Helene Fischer». Mais tarde, a polícia da Saxônia explicaria que se tratava de um grupo de cerca de cem pessoas, sobretudo daquela própria região, que teria protestado diante de uma acomodação para asilados em Clausnitz.

O que me interessa é o que essas pessoas dizem e fazem, estou interessada em suas *ações* – portanto, a partir de agora, elas serão referidas como aquelas que odeiam, aquelas que gritam, aquelas que protestam e aquelas que difamam. Observar e criticar ações em vez de censurar as pessoas abre a possibilidade de que elas possam se distanciar de suas ações, de que possam mudar. Essa perspectiva não condena uma pessoa ou um grupo como um todo, mas o que elas dizem e fazem em uma situação específica (e as consequências que dela resultam). Essa abordagem nos permite aventar a possibilidade de que essas pessoas, em outra situação, possam se comportar de maneira diferente. O que me interessa, portanto, é descobrir o que lhes permite agir assim. De onde vem esse linguajar? Quais são os antecedentes dessa ação? Que padrões interpretativos estão subjacentes a essa maneira de ver os refugiados?

Na página do Facebook em que o vídeo de Clausnitz foi aparentemente postado pela primeira vez, com o nome «Döbeln se defende: minha voz contra a estrangeirização»,[20] o vídeo curto parece ser o destaque, pelo menos até aquele momento, de uma sequência inteira composta de onze imagens e numerosos comentários referentes ao transporte de refugiados.[21] O material disponível não permite saber quem tirou as fotos ou quando. Parece haver vários ônibus, cujas viagens de ou para onde os refugiados estão alojados estão documentadas. A série de imagens começa com uma fotografia que mostra uma cena escurecida: no centro da imagem há uma rua deserta que é claramente de uma zona industrial; na margem esquerda, dá pra ver parte de duas fachadas e metade de um ônibus branco que está virando para a esquerda e se perdendo entre os edifícios. O título da foto diz «Silenciosamente e furtivamente em Döbeln», seguido pelo comentário: «Pouco depois das seis perto da Autoliv. Os novos profissionais de roubo e furto estão chegando».

«Autoliv» se refere ao imóvel de um fabricante sueco de equipamentos de segurança que dois anos antes teve de parar de produzir em Döbeln. Desde 1991, a empresa fabricava cintos de segurança, reguladores de altura e fivelas. A força de trabalho tinha diminuido dos 500 funcionários iniciais a 246, antes de a empresa fechar definitivamente a subsidiária da Döbeln em 2014 e transferir a produção para a Europa Oriental.[22] Após negociações com os proprietários do imóvel, no fim de 2015, a fábrica vazia foi transformada em um centro de triagem para refugiados, com capacidade máxima de quatrocentos lugares. Mas que deslocamento curioso:

....

20 Disponível em: <https://www.facebook.com/Döbeln-wehrt-sich-Meine-Stimme-gegen-Überfremdung- 687521988023812/photos_stream?ref=page_internal>.

21 No momento em que este livro estava sendo escrito, essas imagens, vídeos e comentários ainda estavam disponíveis no site.

22 Disponível em: <http://www.sz-online.de/sachsen/autoliv-schliesst-werk-in-doebeln-2646101.html>.

já que a raiva contra a empresa que fechou a fábrica de Döbeln não consegue mais encontrar um destinatário, agora ela se volta contra aqueles que ocuparam o espaço vazio do alvo original? Não são aqueles que desmontaram a fábrica que se tornam objeto da cólera, mas aqueles que precisam de um edifício que não está sendo utilizado? A qualificação de «profissionais de roubo e furto» não é um insulto dirigido aos diretores da Autoliv, mas aos refugiados que têm de se instalar em um prédio abandonado?

Em outra das fotos, vê-se apenas a parte de trás de um ônibus com o letreiro «Puro Prazer em Viajar». Esse é o nome de uma agência de viagens local, que explica em seu site o significado da expressão: «Aproveite suas férias em companhia agradável, reencontre velhos conhecidos ou conheça pessoas legais». As pessoas legais que os refugiados que viajaram com a «Prazer em Viajar» em 18 de fevereiro de 2016 tiveram o prazer de conhecer podem ser vistas nas outras imagens da galeria postada na página do Facebook: em outra foto, um carro fica na diagonal na frente de um ônibus, evidentemente bloqueando sua passagem.[23] Em outra das imagens, vê-se um trator com uma faixa aberta na frente da pá: «Nosso país, nossas regras: terra, liberdade, tradição», o que não deixa de ter certa graça, porque nem o conceito de «terra», nem o de «liberdade», nem o de «tradição» referem-se a uma única regra que poderia ser derivada deles. Também não resolve o fato de que pelo menos «liberdade» e «tradição» também podem ser termos mutuamente excludentes.

---

23 O ônibus da empresa «Prazer em Viajar», que acabou sendo bloqueado em Clausnitz, iniciou sua viagem naquele mesmo dia em Schneeberg e se dirigia para Clausnitz por indicação do Departamento de Imigração de Freiberg. Ele nunca parou em Döbeln.

A sequência de imagens insere o vídeo principal na narrativa de uma espécie de caça, como se o ônibus dos refugiados fosse perseguido e enfim apanhado, como se fosse um animal. É claramente uma narrativa que não é desagradável para os operadores e colaboradores do site (caso contrário, não seria documentado e publicado dessa forma). É a narrativa de um tipo de caçada pela qual aqueles que participam dela se sentem justificados. Eles não questionam de maneira alguma a ação de bloquear um ônibus por mais de duas horas, bem como de intimidar e ameaçar mulheres e crianças. Em vez disso, o próprio grupo de caçadores põe fim à história apresentando-se, enfurecidos e orgulhosos, diante de suas presas indefesas.

O que torna o tipo de perseguição e bloqueio tão interessante é a proximidade desejada com o que é supostamente perigoso. Existem vários ônibus: o da primeira fotografia, tirada em Döbeln, e o bloqueado em Clausnitz, mas o que ambas as cenas têm em comum é que transformam, por meio de fotos, o transporte de refugiados em um escândalo («silenciosamente e furtivamente... em Döbeln»). Não é possível saber ao certo quanto tempo os agitadores de Clausnitz ficaram esperando ou quem os advertiu. O certo é que todos aqueles que pararam o ônibus estavam claramente buscando um confronto. Ou seja, os refugiados não foram evitados por aqueles que supostamente tinham medo deles; os refugiados não causavam repulsa ou aversão, pelo contrário: foram procurados e caçados. Se (como costuma se afirmar) o medo ou a preocupação tivessem sido os verdadeiros motivos para os que estavam lá protestando, eles não procurariam estar *perto* dos refugiados. Quem age movido pelo medo tenta se distanciar o máximo possível do perigo. O ódio, por sua vez, é incapaz de desviar ou de se afastar de seu objeto; ele precisa tê-lo a uma distância razoável para poder «aniquilá-lo».[24]

Segundo grupo: O segundo conjunto de pessoas perto do ônibus em Clausnitz é formado pelos espectadores. Eles não estavam cheios de tal ódio. Presumivelmente, havia pessoas ali atraídas apenas pela emoção do escândalo ou pelo mero entretenimento que vem de qualquer provocação capaz de catapultar o indivíduo do tédio de seu cotidiano. Provavelmente havia também simpatizantes que não gritaram, mas que ficaram apenas maravilhados ao ver como as pessoas podiam esbravejar daquele jeito, sentindo mais uma alegria pornográfica no descomedimento dos outros do que eles próprios teriam tido caso tivessem se manifestado de forma tão descarada. Esses participantes não participantes também podem ser vistos nas fotos e no vídeo. Estão ao redor dos que gritam e constituem um fórum que dá a atenção que estes precisam para se afirmarem como «o povo».

O efeito duplo dessas performances reside em seu caráter espetacular. O espetáculo se dirige a um público que cresce à medida que a provocação se torna mais extraordinária. E, ao mesmo tempo, o espetáculo se volta às vítimas que não conseguem evitar o fato de fazerem parte de uma performance teatral que as humilha. Esse caráter espetacular não apenas amedronta as vítimas, mas também as expõe diante de um público que as degrada ao transformá-las em um objeto com valor de entretenimento. O espetáculo de uma corja tem história: a humilhação ostensiva e pública dos marginalizados, a exibição da própria força em uma arena na qual as pessoas indefesas são perseguidas ou linchadas, na qual suas casas e seus negócios são danificados ou destruídos; tudo isso são técnicas antigas, tradicionais. O espetáculo de Clausnitz se inscreve na história de todos os espetáculos que

---

24 Aurel Kolnai, op. cit., p. 132.

aterrorizam as pessoas de determinada religião, de determinada cor de pele ou de determinada orientação sexual, fazendo-as acreditar que não podem se sentir seguras. Que são fisicamente vulneráveis. A todo momento.

Ao assistir ao vídeo novamente, isso me surpreende ainda mais do que os gritos da multidão diante do ônibus: o que esse público está fazendo? Por que ninguém daqueles que estão ao redor intervém? Por que ninguém se dirige aos homens que gritam palavras de ordem para tentar acalmá-los? Por que esses observadores delegam suas possibilidades de ação à polícia? Eles são vizinhos, conhecidos, pessoas de Clausnitz. Eles se conhecem da escola, do trabalho, da rua.

Alguns podem até ter vindo de outros lugares, mas muitos se conhecem. Por que ninguém toma a iniciativa e diz «Tá, eu acho que agora já deu»? Isso funciona em qualquer time de futebol. Por que ninguém ousa dizer «vamos embora»? Talvez seja porque ninguém tenha coragem. Ou porque o clima está muito agressivo. Talvez a multidão esteja tão furiosa que pode ser perigoso criticá-la ou até mesmo dirigir-se a ela.

Mas por que os espectadores ficam lá parados? Por que eles não vão para casa? Todos que ficam na plateia aumentam o número daqueles que os que estão no ônibus veem do lado de fora. Todos os que ficam ali parados boquiabertos servem como uma caixa de ressonância ou amplificador para os que odeiam. Talvez eles não tivessem pensado nisso. Talvez só quisessem assistir, como isso não fosse um ato que afetasse outras pessoas. Talvez só se sentissem mal depois, quando tudo estivesse terminado. Nesse caso, isso deveria ter dado a eles algo para refletir: qualquer um dos que ficaram lá assistindo poderia ter ido ir embora e, com isso, dado um sinal – «não em meu nome». Qualquer um deles poderia ter mostrado: esse não é meu povo ou esse não é meu linguajar, não é meu gesto, não é minha postura. Não é preciso muita coragem para fazer isso. Basta apenas um pouco de decência.

Terceiro grupo: «A cólera é descarregada sobre os desamparados que chamam a atenção», escrevem Max Horkheimer e Theodor W. Adorno na *Dialética do esclarecimento*.[25] Os policiais são o terceiro ator no vídeo. O mero fato de estarem lá é, à primeira vista, reconfortante. Ninguém sabe o que teria acontecido sem a presença da polícia, se o ódio poderia ter escalado para a violência física contra os refugiados. Nesse ponto, é bom e importante que exista um poder regulador que impeça ataques violentos. No entanto, os oficiais encarregados parecem ter dificuldade em pacificar a situação em Clausnitz. Por quê? Sobre isso cabe apenas especular. Como não há gravações de dentro do ônibus, não podemos ouvir como ou se os policiais tentaram ajudar os refugiados. Mas, mesmo depois do ocorrido, pouco se soube sobre tais tentativas. As imagens mostram apenas por quanto tempo a polícia ficou assistindo à agitação da multidão em fúria ou, quando muito, sua falta de capacidade em impedi-la de maneira efetiva. Não há nenhuma orientação por megafone, como é comum quando ocorrem bloqueios em manifestações como essa. Nenhum aviso de que, em caso de desobediência, os dados pessoais seriam registrados e a rua liberada à força. Nada disso é visto ali. Os policiais parecem ter se voltado principalmente aos ocupantes do ônibus, como se fosse necessário enquadrar os refugiados, e não os provocadores e seu público do lado de fora do veículo. Em algumas fotografias, vê-se claramente como os curiosos cercam o ônibus sem que um único oficial os force a manter distância. A ambivalência ostensiva dessa intervenção policial, a meio caminho entre a impotência e a

---

25 Theodor W. Adorno e Max Horkheimer, *Dialética do esclarecimento: fragmentos filosóficos*. Tradução de Guido Antônio de Almeida. Rio de Janeiro: Jorge Zahar, 1985, p. 160.

apatia, sinaliza àqueles que bloqueiam o ônibus que eles podem *continuar agindo assim*.

De fato, e isso deve ser mencionado em favor da polícia, é necessário dizer que uma situação dessa natureza envolve um problema objetivo: enquanto a multidão diante do ônibus estiver gritando, os refugiados, tomados pelo medo, não vão querer sair. Mas, em vez de começar a conter aqueles que protestam e, em um clima de tranquilidade, convencer os refugiados a saírem juntos, a primeira reação das forças policiais foi brusca e irritada quando os refugiados no ônibus começaram a se defender contra a situação. Assim, a polícia não enquadrou aqueles que impediam a chegada do ônibus ao alojamento para refugiados, mas sim os que foram intimidados e ofendidos. Quando um dos garotos de dentro do veículo, com desprezo, mostra o dedo do meio para o «povo» aglomerado do lado de fora, um dos policiais usa toda a sua força física e o empurra para fora do ônibus, como se ele fosse um criminoso e não uma criança que já havia sido insultada e ameaçada por quase cem pessoas durante mais de duas horas. Talvez outros policiais tivessem preferido outra solução, mais rápida e mais sensível aos refugiados amedrontados, mas, ao que parece, eles não conseguiram se impor.

Nada na sequência de imagens sobre o bloqueio do ônibus e sobre a gritaria em Clausnitz atesta concretamente uma má conduta dos refugiados. Nada, nem nas fotos nem nos relatos posteriores, faz uma referência sequer a possíveis antecedentes que expliquem por que os passageiros do ônibus não são bem-vindos. Nada nessas imagens faz alusão aos indivíduos naquele ônibus. Em uma situação como essa, o ódio fabrica sua própria força justamente ao ignorar ou exceder a realidade concreta. Ele não precisa nem de base nem de ocasião real. Basta-lhe uma projeção. O ódio até se dirige a esses refugiados, ele os tem como objeto, mas esses não são a sua causa. Assim como Titânia não ama Fundilho por ele ser do jeito que é, mas sim porque ela está sob os efeitos da poção mágica, aqueles que bloquearam o ônibus em Clausnitz não odeiam os refugiados por eles serem quem são. Do mesmo modo que a estima e o reconhecimento pressupõem o conhecimento do outro, o desprezo e o ódio frequentemente pressupõem o seu desconhecimento. Também no caso do ódio, a causa e o objeto da emoção não necessariamente coincidem. Assim como Titânia pode listar os motivos pelos quais ama Fundilho, aqueles que odeiam em Clausnitz poderiam listar os motivos pelos quais odeiam refugiados – e, no entanto, esses não seriam a causa de seu ódio. Eles simplesmente atribuem a eles, como a todos os outros refugiados, certas características que consideram «odiosas», «perigosas», «desprezíveis».

Mas como esse ódio surge? De onde vem esse olhar, esses enquadramentos da percepção nos quais os refugiados são percebidos como «odiosos»?

O ódio não vem do nada. Seja em Clausnitz, Freital ou Waldaschaff. Seja em Toulouse, Paris ou Orlando. Seja em Ferguson, Staten Island ou Waller County. *O ódio sempre tem um contexto específico que o explica e do qual ele surge.* As razões que o sustentam e que servem para explicar por que um grupo supostamente «merece» ser odiado têm de ser *fabricadas* por alguém em determinado quadro histórico-cultural. Esses motivos têm de ser expostos, narrados e ilustrados repetidamente até que se depositem em disposições. Para continuar com a alegoria shakespeariana: a poção que provoca o efeito mágico deve ser preparada por alguém. O ódio agudo e feroz é fruto de práticas e convicções friamente calculadas, cultivadas e transmitidas por gerações. «Tanto a disposição coletiva para odiar quanto para desprezar [...] não ocorrem sem suas ideologias correspondentes, necessárias para fazer com que os objetos de ódio ou de desprezo social representem uma fonte de dano social, um perigo ou uma ameaça à sociedade.»[26]

A ideologia que leva ao ódio em Clausnitz não é produzida apenas em Clausnitz. Não é fabricada apenas na Saxônia. Ela é resultado de todos aqueles contextos na internet, em fóruns de discussão, em publicações, em talk shows, em textos musicais, nos quais os refugiados nunca se tornam visíveis como seres humanos, com os mesmos direitos e com sua própria dignidade. Para analisar o ódio e a violência, é necessário observar esses discursos que geram padrões e modelos que, por sua vez, preparam e justificam tais sentimentos.[27] Nesse sentido, vale a pena mencionar a página do Facebook intitulada «Döbeln se defende», na qual o vídeo de Clausnitz apareceu pela primeira vez. Não é exatamente um espaço de grande repercussão, mas já contém todos os esquemas de ressentimento e de difamação que tornam as pessoas do ônibus invisíveis *como seres humanos* e visíveis *como algo monstruoso*. Essa é apenas uma amostra da ideologia que está presente em muitos outros sites de organizações de extrema direita e pessoas ou grupos próximos ao PEGIDA, e que também poderia ser analisada a partir de outros exemplos.

A primeira coisa que chama a atenção é o *reducionismo* consciente da realidade. Não há referências, informações ou narrativas sobre migrantes distinguindo-os pelo seu humor, sua musicalidade, suas habilidades técnicas, suas qualidades intelectuais, artísticas ou emocionais. Aliás, não existem

---

26 Christoph Demmerling e Hilge Landweer, *Philosophie der Gefühle*. Stuttgart: Metzler, 2007, p. 296.

27 Da mesma forma, em junho de 2016, o chefe da Agência Federal de Investigação (BKA), Holger Münch, havia alertado com notável clareza: «as palavras precedem os fatos». Disponível em: <http://www.faz.net/aktuell/politik/inland/bka-chef-muench-im-interview-die-sprachekommt-vor-der-tat-14268890.html>.

notícias sobre infortúnios, fraquezas ou caprichos de nenhum migrante sequer. Na verdade, não há um único indivíduo sequer. Existem apenas representantes. Todo muçulmano ou toda muçulmana (embora a referência seja feita, principalmente, ao gênero masculino) representam todos os outros. A decisão de instrumentalizar um ou outro muçulmano ou migrante para esse fim é arbitrária, desde que sirva de exemplo para demonstrar o suposto mal de todo o grupo.

O mundo daqueles que odeiam lembra o programa de televisão alemão «Caso número XY... não solucionado» [*Aktenzeichen XY... ungelöst*][28] – só que sem o «não solucionado». O culpado é sempre o Islã, é sempre a imigração de muçulmanos, é a energia criminosa supostamente inerente a todos e a cada um dos refugiados. O que nos é sugerido é a existência de uma sociedade em permanente estado de exceção, onde não há espaço para a felicidade pessoal ou para situações curiosas, absurdas, tocantes, até mesmo irritantes e difíceis que a convivência implica. Nesse mundo, simplesmente, a normalidade não tem lugar. Existem apenas exceções que, elevadas à categoria de escândalo, são constituídas como norma. O mundo é, portanto, limpo de toda diversidade real no âmbito cultural, social ou mesmo político. Não há lugar para encontros inocentes, experiências positivas ou eventos felizes. Qualquer leveza ou qualquer tipo de alegria estaria aqui fora de lugar.

O que acontece por meio dessa visão tendenciosa de mundo? Quais são as consequências de

---

28 *Aktenzeichen XY... ungelöst* é transmitido na Alemanha desde 1967 pelo canal publico de TV ZDF. O programa já foi adaptado pela BBC com o nome *Crimewatch* e também nos Estados Unidos pelos programas *Most Wanted* e *Unsolved Mysteries*. O objetivo é lançar luz sobre crimes não resolvidos com a ajuda dos telespectadores que podem usar o telefone ou a internet para fornecer informações. [N. do T.]

vivenciar as pessoas apenas em determinado papel, em determinada posição, com determinada característica repetidas e repetidas vezes? A princípio, isso nem mesmo produz algum ódio. Antes de tudo, essa estreiteza mutila a imaginação. O efeito malfadado de fóruns e publicações em que os refugiados sempre aparecem como coletivos e nunca como indivíduos, nos quais os muçulmanos sempre se apresentam apenas como terroristas primitivos ou «bárbaros», é que isso quase anula a possibilidade de *imaginar* os imigrantes de outra forma. Isso diminui o espaço destinado à imaginação e, portanto, à empatia. Isso reduz as infinitas possibilidades de ser muçulmano ou imigrante a uma *única* forma. Assim, pessoas individuais são subsumidas a determinados coletivos – e esses coletivos são sempre associados aos mesmos atributos. Quem apenas se informa por esses meios, quem só tem acesso a essa visão tendenciosa de mundo e das pessoas que o habitam, acabará assimilando essas mesmas cadeias fixas de associações. Com o passar do tempo, será quase impossível conceber muçulmanos ou imigrantes de outra maneira. Assim, a imaginação é mutilada. O que resta são aquelas formas abreviadas de pensamento que operam unicamente com atribuições e julgamentos pré-fabricados.

É preciso imaginar esse processo de reducionismo da realidade ainda de outra maneira: uma página do Facebook ou um jornal ou um programa de televisão no qual os cristãos só seriam mencionados se – e somente se – cometessem um crime e em que cada delito cometido por uma pessoa cristã fosse ligado de maneira *causal* à sua afiliação religiosa. Não haveria uma única reportagem sobre casais apaixonados que fossem cristãos, sobre advogados cristãos especialistas em direito tributário, sobre fazendeiros católicos ou mecânicos protestantes, nenhum anúncio sobre canto coral sacro ou festivais de teatro que apresentassem atores e atrizes cristãos, mas apenas e exclusivamente sobre a

Ku Klux Klan, sobre os ataques de opositores radicais ao aborto e sobre crimes individuais, desde violência doméstica e abuso de crianças até assaltos a bancos, sequestros ou assassinatos – todos sempre sob o título «Cristianismo». Como um quadro como esse mudaria a nossa percepção da realidade?

«A capacidade de o ser humano infligir danos aos outros é tão grande», escreve Elaine Scarry, «exatamente porque nossa capacidade de fazer uma imagem adequada deles é muito pequena.»[29] Com um poder tão limitado de imaginação também desaparece a possibilidade de empatia em um encontro concreto com uma pessoa. Quem já não consegue *imaginar* quão singular é cada muçulmano, cada imigrante, quão singular é cada pessoa trans ou de pele negra, quem não consegue imaginar quão semelhantes eles são em sua busca fundamental por felicidade e dignidade, também não reconhece sua vulnerabilidade como seres humanos, mas vê apenas o que já está pré-fabricado como uma imagem. E essa imagem e essa narrativa fornecem «motivos» para justificar uma agressão aos muçulmanos (ou aos judeus, às feministas, aos intelectuais ou aos ciganos).

O que torna a observação desses fóruns e discussões tão desalentadora é que tudo isso já havia acontecido antes. Isso não é novo. Os moldes de percepção não são originais, mas têm padrões históricos. São os mesmos *topoi*, as mesmas imagens cristalizadas, os mesmos estereótipos eternos que são citados e repetidos aqui como se não tivessem nenhum antecedente. Como se ninguém se lembrasse do contexto em que eles haviam surgido e de como eles já haviam sido explorados naquela época. Como se tudo isso já não tivesse acontecido: o ódio a estranhos, a rejeição a tudo que é desviante, a

---

29 Elaine Scarry, «Das schwierige Bild des Anderen», in: Friedrich Balke et al. (Org.), *Schwierige Fremdheit*, op. cit., p. 238.

gritaria nas ruas, as pichações difamatórias e aterrorizantes, a invenção do «próprio» como nação, como povo – e a construção dos outros, que supostamente não se encaixam nisso, como «degenerados», «antissociais».

A mesma visão segundo a qual «homens estrangeiros» supostamente perseguiam «nossas mulheres» ou «nossas meninas» já havia sido utilizada como tema da propaganda nacional-socialista. Repetidas vezes, em textos e caricaturas antissemitas, alertava-se sobre os judeus que supostamente atacavam «mulheres alemãs».[30] Com a expressão «vergonha negra», homens negros foram estigmatizados como uma ameaça sexual às «mulheres brancas» por meio de imagens que ainda circulam atualmente ou são quase idênticas em sua estética. Hoje, mais uma vez, os «estrangeiros» negros ou refugiados são caracterizados como um perigo sexual.[31]

---

30 Na exposição *Angezettelt* [cuja tradução literal seria «provocado/instigado», mas que também alude a um jogo de palavras com *Zettel*, palavra alemã para papelinho, nota (também adesiva), bilhete], organizada pelo Centro de Pesquisa em Antissemitismo e pelo Museu de História da Alemanha, essas linhas históricas são mostradas a partir de antigos preconceitos e motivos até a atual política imagética de adesivos antissemitas ou racistas. A campanha de ódio «Vergonha Negra» se repete, já que na década de 1920 ela «alertava» para a suposta «bestialidade» dos negros por meio de selos nos quais figuras enormes e sinistras atacavam os corpos de mulheres brancas indefesas – precisamente essa insinuação racista do perigo sexual que supostamente deriva de «estranhos» (agora «estrangeiros» ou «norte-africanos»).

31 O que torna essa citação histórica tão pérfida em um novo ambiente é que ela instrumentaliza o alerta alcançado contra a violência sexual e o canaliza na direção desejada. Nos dias de hoje, quando a violência sexual contra crianças e mulheres está finalmente criminalizada, quando ela já não é subestimada ou diminuída, os padrões ilegítimos de atribuição racista (o medo avivado do «estrangeiro atrevido» ou do «homem árabe») se conectam à sensibilização legítima e necessária diante da violência sexual contra crianças e mulheres. É por

Isso não é motivo para não noticiar crimes cometidos por imigrantes. Obviamente, toda forma de violência sexual deve ser reportada. É um absurdo ter de mencionar isso. No entanto, uma cobertura jornalística mais lenta (e rigorosa em sua apuração) é preferível a uma rápida (e por vezes desleixada). E, é claro, ao refletir sobre esses tipos de atos, é preciso também questionar as estruturas sociais, econômicas e ideológicas que os condicionam ou os favorecem, da mesma maneira que, para esclarecer os escândalos relacionados à violência sexual em várias instituições da Igreja Católica, foi necessário investigar quais os possíveis fatores que favoreceram ou promoveram o abuso sexual de crianças por religiosos católicos. Também nesse caso foi possível e necessário realizar uma análise diferenciada do dogma religioso do celibato, da estigmatização da homossexualidade, das relações particulares de poder e confiança entre padres e crianças, do pacto de silêncio – mas também das biografias individuais dos autores desses crimes. Esse debate foi possível sem a necessidade de produzir *per se* uma hermenêutica da suspeita contra os crentes católicos, sejam eles indivíduos ou comunidades. Ninguém exigiu que algum católico se distanciasse publicamente dos fatos.

O problema surge apenas quando, reportando-se principalmente a violência sexual, o ato criminoso está associado a determinado perfil, e outros casos cometidos por pessoas com perfis diferentes não são incluídos. Pois, dessa maneira, a imagem de imigrantes ou negros se liga irremediavelmente

---

isso que alimentar o medo de «molestadores de crianças» é um instrumento retórico tão popular no cenário da direita radical, porque isso gera consentimento em um amplo espectro social. É óbvio que todo mundo quer se colocar contra a violência sexual. Mas, nesses círculos, a advertência de agressão sexual serve, acima de tudo, para aprofundar o ressentimento em relação ao homem «árabe» ou «negro».

à ideia de «violência sexual». Imagine por um momento o caso oposto: o que aconteceria se todo crime noticiado fosse acompanhado da informação de que o criminoso em questão é *branco*. Todos os dias. Em todo assalto, todo caso de abuso infantil, todo crime violento, ele sempre seria o «homem branco» da cidade de Höxter ou de onde quer que fosse. De repente, os casos em que um criminoso de pele negra são noticiados se tornariam menos comuns. Obviamente, não se trata de sugerir que um crime seja menos noticiável ou condenável que outro. O que se reivindica é simplesmente uma consideração mais objetiva, capaz de estabelecer uma relação quantificável e adequada entre os delitos e o perfil de quem os comete.

Mais uma vez: é claro que existem imigrantes que cometem tais atos. Não apenas individualmente, mas também em grupo – os terríveis casos de assédio ocorridos na véspera de Ano-Novo em Colônia provam isso, e, obviamente, é necessário e pertinente noticiar esse fato da mesma forma sem poupar ninguém. Isso implica analisar com toda a profundidade e diferenciação os perfis dos assediadores de Colônia e o que ocorreu naquele dia, além de nomear todos os fatores relevantes que podem promover tais ações. Assim, o consumo excessivo de álcool pode ser tão importante quanto o machismo e o pensamento patriarcal. E, é claro, também é necessário analisar quais contextos e discursos alimentam e cultivam o desprezo pelas mulheres e sua autodeterminação. São justamente esses discursos e esses esquemas ideológicos pré-fabricados contra as mulheres que merecem críticas. No entanto, nesses casos reais, acontece de fantasmas racistas se misturarem com sexistas, e é exatamente essa sobreposição do real ao fantasmagórico que deve ser objeto de reflexão e análise nos próprios textos e imagens. É mais fácil do que parece.

O discurso que envolve diretamente o vídeo de Clausnitz não precisa recorrer ao termo «raça».

Em vez disso, fala-se de «cultura», «origem migratória», «religião». São eufemismos que mascaram o tabu social do racismo ou do antissemitismo sem alterar em nada a ideologia implícita. Ainda existe uma misantropia voltada a grupos específicos. Características a-históricas e imutáveis continuam sendo atribuídas a coletivos. Apenas o conceito de «raça» está ausente. A mesma estrutura de exclusão é servida com as mesmas imagens e os mesmos motivos, apenas com outras palavras. O que falta são os «termos de alarme», aquelas palavras-chave que ajudariam a reconhecer a intenção política por trás deles. Assim, agora é «o Ocidente» que deve ser protegido, assim como o «povo» e a «nação», sem dizer de maneira precisa o que tanto um quanto o outro significam.[32]

---

32 Isso não é acidental, mas o resultado de uma tática retórica consciente. Em um episódio do programa *Magazin* da SPIEGEL TV, transmitido em 14 de maio de 1989, pode-se apreender esse verniz que envolve uma ideologia xenofóbica: trata-se de um documentário sobre uma reunião da qual participam quadros do partido de extrema direita NPD [sigla em alemão para Partido Nacional Democrático da Alemanha]. Uma das atividades do encontro é treinar os participantes para discursar sobre a «problemática dos estrangeiros». Essa sessão é concebida como uma encenação: um dos participantes ensaia o discurso enquanto o restante deve interrompê-lo e refutá-lo. Questionado se os estrangeiros vindos de regiões em guerra não deveriam ser ajudados, o aluno do NPD responde: «... são uns pobres-diabos. Claro que você tem de ajudá-los. Mas não os ajudamos em nada ao tentar integrá-los aqui... isso simplesmente não é possível. São de uma raça diferente, marcada por outras características, com um modo de vida diferente...». Na rodada de feedback seguinte, os professores orientam uma correção tática: «Então você fala de ‹raças› [...] essa também é uma palavra que eu nunca traria para esse contexto... você se refere a ‹outra mentalidade›. Mas, assim, é claro que você recebe logo dos esquerdistas ou da imprensa (incompreensível)... um ‹isso é um racista›». Portanto, a crítica dos professores não se refere ao fato de assumir que exista algo como «raças» diferentes às quais se possam atribuir coletivamente

O mundo, como delineado aqui, carece de todo aspecto lúdico e, diga-se de passagem, também de tudo que é fortuito. Todo evento, ainda que contingente, recebe um significado e um propósito supostamente oculto. Não existem simples falhas humanas ou meros acidentes. Todo erro está subordinado a uma intenção, toda coincidência a uma conspiração que sempre visa a opressão ou o prejuízo do seu próprio grupo. O tema central de páginas do Facebook como «Döbeln se defende» ou inúmeras outras publicações desse tipo é a suposta «troca» da população, a expulsão, conduzida por instâncias superiores, do «próprio povo», então substituído por tudo que é considerado estrangeiro: refugiados, imigrantes, não cristãos, não brancos. A guerra civil é, ao mesmo tempo, um cenário tanto temido quanto esperado que atravessa esse ideário como um tema à maneira de um *basso continuo*.

A narrativa que sempre se repete nesse contexto é apocalíptica: a (velha) história do próprio declínio, da própria opressão, que inicialmente é construída de forma dramática para então estilizar a própria missão como sendo particularmente existencial e principalmente predestinada. O mundo se divide entre os cidadãos de uma nação alemã que está encolhendo ou definhando, de um lado, e aqueles que supostamente atuam para esse declínio, do outro. Entre os adversários também estão incluídos, obviamente, todos os membros da sociedade civil que se mostram prestativos e solidários com os refugiados: eles são chamados de «almas caridosas»

---

certas características. Em vez disso, a crítica se refere apenas à palavra «raça», porque ela traz a acusação de que o falante é racista. Isso explica por que o discurso de hoje está tão suavizado, mas sem ter mudado em nada seu conteúdo ideológico. Agradeço a Maria Gresz e Hartmut Lerner do serviço de documentação da SPIEGEL TV, por terem me disponibilizado esse material.

[*Gutmenschen*] ou «aclamadores de ferroviária»[33] [*Bahnhofsklatscher*] (como se tanto uma coisa quanto a outra fossem algo de que se envergonhar).[34]

As críticas externas às próprias práticas e convicções nem sequer viram objeto de discussão. A posição intransigente de um mundo polarizado entre «próprio» e «estranho», entre um «nós» contra «vocês», faz com que qualquer crítica seja completamente rechaçada desde o princípio: ela é desacreditada como censura, como repressão, como manipulação daqueles que conduzem a única luta verdadeira e justa pelo próprio país, pelo próprio povo, pela própria nação. Dessa maneira se estabelece um pensamento fechado que se considera imune a dúvidas ou objeções. Não são questionados aqueles que intimidam mulheres e crianças ou ateiam fogo em abrigos para refugiados, mas sim aqueles que criticam tudo isso. A cobertura jornalística crítica serve apenas como prova de uma «imprensa mentirosa» que não consegue estimar

---

33 *Gutmensch* [literalmente «pessoa boa»] é um termo usado negativamente para se referir a pessoas que defendem uma conduta baseada na solidariedade, nos direitos fundamentais e na tolerância, sendo frequentemente vinculado à crítica ao politicamente correto. Já *Bahnhofsklatscher* [literalmente, «aquele que aplaude nas estações de trem»] foi um termo empregado pejorativamente por grupos conservadores e de extrema direita para se referir às pessoas que aplaudiam ou recepcionavam os imigrantes quando estes chegavam às estações de trem e se dirigiam aos centros de recepção para refugiados. [N. do T.]

34 Até a polícia, nesse contexto, é percebida como, se não hostil, pelo menos manipulada ou confusa. Existem telefonemas dirigidos especificamente aos oficiais, explicando quem eles devem apoiar e quem eles devem proteger. O «povo», é assim que está registrado, são «seus parentes, seus amigos, seus vizinhos». O fato de os policiais protegerem em primeiro lugar o estado de direito e todas as pessoas que vivem nele, independentemente de serem seus parentes ou amigos, é obviamente invalidado.

o levante heroico-patriótico. Nesse estado de paranoia, tudo serve para confirmar apenas as próprias projeções – o que permite justificar até mesmo a agressão como um ato de legítima defesa.[35]

Não é nada fácil se ocupar com páginas e sites desse tipo por muito tempo. Como homossexual e jornalista, pertenço a dois dos grupos sociais mais odiados nesse contexto. Eu nem me vejo como pertencente a um grupo, mas isso é irrelevante para os que odeiam. Pessoas como eu, com todas as suas diferentes referências e inclinações, de qualquer maneira não são vistas como indivíduos dentro desse esquema. Mesmo que eu nunca tenha ficado em uma estação aplaudindo, pertenço àqueles que são desprezados. Pelo jeito que amo e pelo jeito que penso e escrevo. Mas, ao menos, por algo que *faço*. Isso é quase um privilégio. Outros são odiados e desprezados pela cor da pele ou por seus corpos. Eu sou branca e tenho passaporte alemão – ambos são contingentes. E ambos me diferenciam de outros que estão ainda mais vulneravelmente expostos a esse ódio e desrespeito do que eu, porque são negros ou muçulmanos ou as duas coisas, ou não possuem documento algum.

Mas esse ódio não afeta apenas aqueles a quem ele busca como objeto. Essas páginas não me incomodam apenas por sua argumentação anti-intelectual ou homofóbica. O que me perturba é quando se argumenta de forma desumana. O que me perturba é quando se argumenta de modo excludente contra um «nós» universal. Não importa em nada

---

35 Nesse discurso uniforme, qualquer pretensa diferenciação serve apenas para a confirmação da suspeita geral. Para dar um exemplo tirado do mesmo contexto: a foto de uma tigela de vidro cheia de M&Ms coloridos. Em cima, a frase impressa em letras grandes: «Nem todos os refugiados são criminosos ou maus»; embaixo uma frase com letras menores: «Imagine agora uma tigela de M&Ms dos quais 10% estão envenenados. Você comeria um punhado?».

quem é construído como o Outro invisível ou monstruoso. Esse ódio também poderia ser direcionado a canhotos ou a fãs do Festival de Bayreuth. O que me perturba fundamentalmente é o mecanismo de exclusão e a monstruosa agressão com a qual as pessoas estão sendo hostilizadas.

Ora, aquela página do Facebook não é mais do que um círculo estreito que se forma discursivamente em torno do vídeo de Clausnitz. Mas a ela se somam todos os outros círculos e lugares em que os grupos se reúnem para protestar contra os refugiados e intimidar aqueles que os acolhem. Tudo isso ainda poderia ser isolado como um contexto extremo e marginal, mas, ao redor desse círculo, estão entrelaçados os círculos de todos aqueles que fornecem o material ideológico para fabricar os modelos narrativos que então perambulam como padrões e citações por meio dos discursos na rede ou nas salas de estar.[36] Entre os *provedores do ódio* não estão os que seriam expostos de maneira tão desinibida como os atores que vociferam ou brigam nas ruas, mas sim os que dão aos seus «propósitos» uma fachada burguesa. São esses que se distanciam publicamente do ódio e da violência e, contudo, proporcionam-lhes permanentemente uma forma retórica. Essa estratégia de ambivalência deliberada é praticada pelos políticos do AfD, mas também por outros que, indiferentemente, equiparam os refugiados ao terror

---

36 A esses círculos pertencem publicações, como a revista da nova direita *Sezession* , que são consideradas objetivas e intelectuais, e que talvez de fato o sejam, muito embora forneçam todos os temas e interpretações necessários para alimentar o ódio contra as pessoas no ônibus em Clausnitz. Cf. Liane Bednarz e Giesa Cristoph, *Gefährliche Bürger. Die Neue Rechte greift nach der Mitte.* Munique: Hanser, 2015. Cf. também Volker Weiss, *Deutschlands neue Rechte.* Paderborn: Ferdinand Schöningh, 2011. Assim como Beate Küpper, Dietmar Molthagen, Ralf Melzer e Andreas Zick (Org.), *Wut, Verachtung, Abwertung. Rechtspopulismus in Deutschland.* Bonn: J. H. W. Dietz. Nachf., 2015.

ou ao crime, que não aceitam o Islã como uma comunidade de crentes, que sussurram sobre executar a ordem de abrir fogo na fronteira.

Por último, mas não menos importante, o ódio e o medo são instigados por aqueles que querem lucrar com isso. Não importa se os *aproveitadores do medo* pensam na moeda dos índices de audiência ou dos votos, se produzem best-sellers com títulos chamativos ou ganham atenção com manchetes apelativas – todos eles gostam de se distanciar da chamada «turba» das ruas, mas sabem usá-la economicamente muito bem para seus próprios interesses.

Aos provedores do ódio e aos aproveitadores do medo também pertence, de maneira especial, a rede terrorista internacional do chamado Estado Islâmico (EI) com seus assassinatos em série de Beirute a Bruxelas, de Túnis a Paris. Do ponto de vista comunicativo, o EI persegue o mesmo objetivo estratégico que os propagandistas da «nova direita»: uma divisão das sociedades europeias de acordo com a lógica da diferença. A cada atentado, o EI promove o medo de muçulmanos não por acaso, mas de maneira intencional. A cada massacre filmado, a cada execução de um refém indefeso encenada de acordo com os cânones da cultura pop, a cada assassinato em massa, o EI consciente e calculadamente quer promover um conflito em nossas sociedades, na esperança – de maneira alguma irracional – de que o medo do terror possa levar a uma desconfiança generalizada em relação aos muçulmanos europeus e, por fim, ao seu isolamento.[37]

A segregação dos muçulmanos de uma Europa plural, aberta e secular é o objetivo explícito do terror do EI. O instrumento que deve levar a isso

---

37 Uma excelente análise da história e da estratégia do EI é oferecida em William McCants, *The ISIS Apocalypse*. Nova York: St. Martin's Press, 2015. O autor também é bastante ativo no Twitter: @will_mccants.

é a polarização sistemática.[38] Toda mistura, toda forma de convivência cultural, qualquer tipo de liberdade religiosa típica da modernidade iluminada é contrária aos ideólogos do EI. Assim, os fundamentalistas islâmicos e os radicais anti-islâmicos formam uma curiosa figura especular: eles se confirmam mutuamente em seu ódio e em sua ideologia de homogeneidade cultural ou religiosa. É por isso que nos fóruns de direita aparecem repetidamente notícias sobre os terríveis ataques do EI às cidades europeias. A violência objetiva e o terror real do EI alimentam a projeção subjetiva sobre cada um dos muçulmanos, mesmo aqueles que fogem exatamente dessa violência e desse terror. Todo ataque justifica o avivado medo de muçulmanos, todo massacre deprecia a sociedade liberal e aberta como uma ilusão. Assim também se explica a reação de alguns políticos e jornalistas que interpretaram os ataques em Paris e em Bruxelas, antes de tudo, como uma confirmação objetiva de sua maneira de ver o mundo – para eles, estar certo parecia mais importante do que compartilhar a dor com as famílias das vítimas.

Contudo, o ódio também é possibilitado e ampliado por todos aqueles que não intervêm, por aqueles que, mesmo não agindo da mesma forma, toleram as ações dos outros até de maneira compreensiva. O ódio nunca poderia ter esse efeito, não de um jeito tão duradouro nem tão constante,

---

38 Em um dos principais documentos mencionados pelo programa ideológico do EI, intitulado *The Management of Savagery* [A gestão da selvageria], seu autor, Abu Bakr Naji, dedica um capítulo inteiro à estratégia de polarização. O texto foi traduzido por Will McCants em 2006 e é altamente recomendado para todos aqueles que querem entender os fundamentos dogmáticos do terror do EI. Sobre a polarização e a fragmentação do Ocidente como objetivo do EI, consulte também: <http://www.understandingwar.org/sites/default/files/ISW%20ISIS%20RAMADAN%20FORECAST%202016%20FINAL.pdf>.

nunca irrompendo e sendo disparado por toda parte na Alemanha, se não houvesse a tolerância clandestina daqueles que talvez não aprovem os meios de violência e de intimidação, mas desprezam, sim, o objeto ao qual esse ódio se dirige. Não são eles próprios que odeiam, mas eles *deixam* que outros o façam. Eles são, talvez, apenas indiferentes ou estão acomodados. Não gostariam de se envolver ou se engajar. Não querem ser incomodados por essas discussões indigestas. Eles querem manter sua vida cotidiana tranquila, que não deveria ser perturbada pela diferenciação e pela complexidade de um mundo moderno.

Entre essas pessoas estão aqueles promotores públicos que relutam em investigar ataques a refugiados ou a seus alojamentos ou a gays, incluindo aí os funcionários que dispensam muito mais credibilidade às testemunhas alemãs e não perguntam a pessoas de outras nacionalidades o que viram ou ouviram. A esse grupo também pertencem todas as pessoas que detestam judeus, muçulmanos ou ciganos, mas se contêm para não expressar seu desprezo. Eles formulam sua rejeição com muito cuidado. Não como ódio cego, mas como uma preocupação vaga. Eles dizem que aqueles que atacam abrigos de refugiados ou jornalistas, aqueles que protestam contra as «elites» ou contra «Washington» estariam apartados da sociedade e que precisariam ser levados a sério, que seus sentimentos não deveriam ser condescendentemente ignorados.

O ódio de Clausnitz não é meramente marginal, ele vem sendo preparado e tolerado, justificado e consentido há muito tempo no coração da sociedade. Não é preciso muito esforço. Basta apenas a constante e sutil desvalorização ou questionamento dos direitos das pessoas que, de um jeito ou de outro, já possuem menos direitos. Basta apenas a constante e repetida desconfiança contra imigrantes por parte de autoridades públicas, a abordagem de alguns policiais particularmente mais assídua e dura contra ciganos, a chacota explícita nas ruas ou a humilhação silenciosa das leis contra pessoas trans, o murmúrio sobre a existência de um «lobby gay» ou aquele tipo de crítica a Israel levantada com um «não tenho nada contra judeus, mas...». É esse poderoso amálgama de práticas e hábitos, ditos e piadas, de pequenas maldades ou desrespeitos grosseiros que se mostra de maneira tão casual que até parece inofensivo – mas que destrói a todos os que têm de suportá-lo.

Isso não é ódio. Nem é um tipo de violência física. E dificilmente alguém dos que se comportam assim considera que tem algo em comum com os que saem às ruas para expressar seu desprezo aos gritos. Mas a aquiescência silenciosa ou a aprovação clandestina aumentam o poderoso espaço no qual as pessoas consideradas fora da norma não se sentem seguras, concernidas ou aceitas. Isso cria zonas que se tornam inabitáveis e inacessíveis para muitos. Em toda parte onde os que amam diferentemente, professam outras crenças ou têm outro aspecto tornam-se invisíveis e passam despercebidos, como se não fossem seres de carne e osso, como se não tivessem sombra. Em toda parte onde aqueles que não estejam em conformidade com a norma sejam jogados no chão, onde ninguém os ajude a se levantar, onde ninguém se desculpe, em toda parte onde todos aqueles que são levemente diferentes acabem sendo transformados em algo monstruoso, há *cumplicidade com o ódio*.

A propósito, há um segundo vídeo. Ele havia sido gravado mais tarde por um dos refugiados. Nele vê-se apenas um pedaço da imagem no centro, as margens da esquerda e da direita estão desfocadas. O vídeo mostra o que o ódio provoca, o que o ódio desencadeia naqueles a quem se dirige. Uma das pessoas no ônibus, uma mulher com um véu, está sentada no chão, gritando e chorando. Repetidas vezes ela bate nos joelhos com as mãos. Ao lado dela, uma jovem está agachada, tentando acalmá-la. Como se fosse possível. Todo o medo e todo o desânimo, tanto os trazidos durante a longa viagem como os recém-rebentados, não podem mais ser suprimidos. É um choro desesperado, desalentado e descontrolado.

A câmera gira e mostra uma sala simples, aparentemente no alojamento para onde os refugiados do ônibus foram finalmente levados.[39] Agora eles estão lá sentados, no chão ou em cadeiras dispostas em torno de uma pequena mesa, mudos, exaustos, encostados na parede ou um contra o outro, evidentemente ainda chocados por verem que a longa fuga não os tinha afastado do círculo da violência, que eles ainda não haviam chegado a um lugar onde pudessem descansar, onde não mais precisassem estar vigilantes, onde pudessem enfim viver sem medo. Nessas imagens, eles não falam – apenas essa mulher chora seu desespero.

Não sabemos em detalhes o que aconteceu com ela e com os outros passageiros do ônibus em seus países de origem. Só podemos presumir o que eles vivenciaram em guerras e perseguições no Líbano, Irã, Afeganistão ou Síria. Do que eles fugiram, quem tiveram de deixar para trás, que cenas de terror voltam às suas mentes à noite – essas imagens não nos permitem saber de nada disso. Mas todos aqueles que viram esse vídeo e são capazes de perceber algo mais do que sua própria projeção monstruosa sabem o quão vergonhosa é a situação que eles tiveram de passar aqui.

Mas ainda há outra história a ser contada sobre Clausnitz. De outras pessoas que não são aquelas que se afirmam como «o povo». Elas não pertencem àquele «nós» constituído pelo ódio e pela gritaria – e, por isso mesmo, foi-lhes dada bem menos atenção. Nenhum grande fórum de debates se

---

39 Disponível em: <http://www.focus.de/politik/videos/brauner-mob-in-clausnitz-dramatische-szenen-aus-clausnitz-fluechtlingsheim-frauen-und-kinder-voellig-verstoert_id_ 5303116.html>.

formou em torno delas, e elas também não foram cercadas por um auditório prestes a aplaudi-las. Mas essas pessoas também pertencem a Clausnitz. Quem quiser ouvir a história delas, deve procurá-las. Porque elas são mais silenciosas do que os que odeiam. Uma dessas pessoas menos barulhentas de Clausnitz é Daniela (que só quer dar seu primeiro nome). Está quase surpresa por alguém ter se interessado por seu ponto de vista. Depois de uma troca de e-mails, ela concorda em ter uma conversa mais longa por telefone, na qual descreve como passou aquela noite.

Um dia antes, alguns membros do Netzwerk Asyl, uma rede local de acolhimento de migrantes, estavam pensando na melhor maneira de saudar os recém-chegados. Segundo Daniela, eles se perguntavam o que poderiam dizer e como poderiam receber os refugiados. Como um pequeno gesto, trouxeram frutas para o alojamento em Clausnitz e prepararam algumas breves palavras. Junto com os outros voluntários, Daniela observou aquele fatídico evento de dentro do prédio no qual os refugiados deveriam entrar. Lá eles estavam a salvo. Daniela e seus colegas já haviam sido atacados verbalmente. Ela conta que, naquele mesmo dia, uma mulher membro da rede havia recebido uma ameaça de que iriam incendiar sua casa.

Daniela observa mais e mais pessoas se reunindo na rua para protestar. Ela não se junta a elas, embora as conheça. Fica à distância. São seus vizinhos de Clausnitz. Também pais de família. Alguns trazem os filhos, como se a intimidação de refugiados fosse algo que as crianças devessem presenciar o mais cedo possível. Daniela permanece no prédio quando um trator aparece e bloqueia a rua a cerca de cinquenta metros do alojamento. «Tivemos um mau pressentimento. Nós não sabíamos o que fazer. Mas estava claro: alguma coisa estava sendo tramada.» Quando o ônibus finalmente chega e a situação começa a ficar complicada, à medida que mais e mais pessoas se acumulam diante dos refugiados vociferando seu ódio, Daniela não vê «especialistas em roubos e furtos», não vê «invasores» ou «estranhos» assediando «nossas mulheres». Ela vê pessoas sendo ameaçadas. «Pude ver o medo no rosto deles. Eu senti muito pelos refugiados.»

O acolhimento planejado de refugiados já havia sido discutido em janeiro durante uma reunião no ginásio poliesportivo de Clausnitz. Alguns moradores haviam expressado o medo de que homens estrangeiros pudessem assediar as mulheres e as meninas da cidade. Contudo, foi objetado, e se fossem então mulheres e crianças a buscar refúgio em Clausnitz? Bem, aí seria diferente. Daniela lembra disso quando o ônibus chega com mulheres e crianças – e nada nessa diferenciação ainda importa. O ódio ofusca qualquer pudor. Ele não admite diferenças, distinções claras, nem mesmo indivíduos. Quem assiste à cena de fora não consegue entender por que a polícia não conteve os manifestantes, por que não dispersou a multidão para liberar a área.

Diante daquela situação, tudo que Daniela e os outros tinham pensado em dizer torna-se banal. «A primeira mulher que eu finalmente consegui ajudar não aguentava mais, ela não conseguia mais andar. Ela chorava e gritava. Ela desmaiou. Tivemos que levá-la para seu quarto.» Daniela permaneceu ao seu lado por horas a fio. Conversou com ela, mesmo sem falarem a mesma língua. Só um pouco antes da meia-noite é que ela conseguiu ir para casa. Deixou a fruta lá. E o que aconteceu com os que odiavam em frente ao ônibus? Daniela conta que, assim que os refugiados entraram no prédio, tudo ficou repentinamente quieto. Um silêncio absoluto.

Clausnitz é apenas *um* exemplo para o ódio e para as malhas de percepção que o arquitetam e o conformam, que tornam as pessoas, de uma só vez, invisíveis e monstruosas. Em Clausnitz, foi um ônibus com refugiados. Em outras cidades, em outras regiões, os atingidos são pessoas com outra cor de pele, outra orientação sexual, outra religião, um corpo não definido, mulheres jovens ou mais velhas, pessoas com quipá ou véu, pessoas desabrigadas ou sem passaporte, ou quem quer que possa ser injuriado como objeto do ódio. Essas pessoas são intimidadas, como nesse caso, ou então criminalizadas, estigmatizadas, expulsas, atacadas ou feridas.

Agredidas elas são de uma maneira ou de outra. Mas o quanto são agredidas, isso depende de se outros vão ajudá-las. «A cólera é descarregada sobre os desamparados que chamam a atenção», escrevem Horkheimer e Adorno. Esta é uma exigência para que as instituições públicas, a polícia e as autoridades judiciais atuem contra aqueles que, com seu ódio e violência, tomam o espaço público e o transformam em zonas de medo. Mas também exige que todos nós estejamos sempre alertas para detectar quando alguém corre o risco de afundar nas profundezas lamacentas da humilhação e do desprezo, quando crescem as torrentes de ofensas e ódio, e quando basta um único gesto de rejeição ou aprovação para que o terreno, no qual todos possam ficar de pé, torne-se firme novamente.

Ódio e Desprezo
Parte 2: Racismo Institucional (Staten Island)

*Queria simplesmente ser
um homem entre
outros homens. Gostaria
de ter chegado puro e
jovem em um mundo nosso,
ajudando a edificá-lo conjuntamente.*
Frantz Fanon, *Pele negra, máscaras brancas*

O que é que eles veem? O que estão vendo diferente de mim? O vídeo, na versão não editada como encontrado no YouTube, tem onze minutos e nove segundos de duração.[40] Nele vê-se o afro-americano Eric Garner, em plena luz do dia, parado na calçada diante de uma loja de produtos de beleza. Ele veste uma camiseta cinza, uma bermuda bege na altura dos joelhos e tênis. Conversa com dois policiais brancos à paisana, Justin D. e Daniel P., que se colocaram ao lado dele, ambos com bonés bem puxados ao rosto.[41] D. mostra a Garner seu distintivo e ordena algo que não se pode compreender. «*Get away? For what?*» [Fugir? Para quê?] Garner estende os dois braços. Nenhuma arma, em lugar nenhum. Ele não agride os policiais. Na verdade, praticamente não se mexe enquanto fala. Ele também não faz nenhum movimento para fugir. O gesto dos braços estendidos é inconfundível. Eric Garner não consegue entender por que está sendo importunado pelos policiais: «Eu não fiz nada». É difícil ouvir o que D., o agente à direita da imagem, está respondendo, mas aparentemente Garner é suspeito de vender «*loosies*», cigarros individuais que não foram tributados. Eric Garner leva as mãos ao rosto. «Toda vez que vocês me veem, querem mexer comigo. Estou cansado disso.» Ele não quer ser revistado porque não entende o motivo pelo qual está sendo abordado nem do que está sendo acusado. «Isso tem de parar hoje. Por que vocês...? Todo mundo aqui em volta vai dizer que eu não fiz nada.»[42]

---

40 Em: <https://www.youtube.com/watch?v=JpGxa-gKOkv8>. [Este link não está mais disponível. Contudo, a versão não editada ainda pode ser vista em <https://www.dailymotion.com/video/x30s2lp> (último acesso em 1º dez. 2019). N. do T.]

41 Os nomes se tornaram conhecidos apenas mais tarde na investigação. Eu os uso aqui para uma descrição mais precisa dos eventos que levaram à morte de Eric Garner.

42 No vídeo original em inglês, essas são as últimas palavras de Eric Garner: «Get away [inaudível] for what? Every time you see me, you want to mess with me. I'm tired of it. It stops today. Why would

«Todo mundo aqui em volta» é o público que observa a cena. E, de fato, alguns transeuntes que não tinham nada a ver com a ocorrência decidem intervir. Eles não apenas assistem, como em Clausnitz, mas agem. Talvez porque *tenham a ver* com a ocorrência, talvez por saberem que o mesmo poderia ter acontecido com qualquer um deles. Em qualquer dia. Só porque a cor da pele deles não é branca. Em primeiro lugar, está o pedestre porto-riquenho que filma com o celular: Ramsey Orta. Sua voz é sempre ouvida em *off*. Ele comenta o que está filmando e fala em parte para a câmera, em parte para outros transeuntes. Logo no começo, pode-se ouvir como ele dá razão a Eric Garner. «Ele não fez nada.» Consequentemente, um dos policiais tenta enxotar essa testemunha irritante. Mas ele se identifica como morador do prédio em frente e mantém sua posição. Continua a filmar, mesmo que o oficial não goste. Os policiais até não gostariam de ser filmados naquela situação, mas, por outro lado, isso não os incomoda a ponto de deixarem Eric Garner em paz. Talvez eles pensem que estão certos. Ou talvez simplesmente saibam que, na maioria das vezes, a razão lhes será dada posteriormente. Há ainda outra testemunha que intervém. No vídeo, vê-se uma mulher negra se aproximar com um caderno e pedir aos agentes que se identifiquem. Mas isso não impedirá que os policiais façam o que vem a seguir.

Eric Garner discute com o agente D. por vários minutos. Garner esclarece que tinha apenas apartado uma briga. Nada mais. Várias vezes, Garner afirma não ter feito nada. Várias vezes, ouve-se a voz em *off* confirmar essa sua versão. Depois de algum

---

you...? Everyone standing here will tell you I didn't do nothing. I did not sell nothing. Because everytime you see me, you want to harass me. You want to stop me [inaudível] selling cigarettes. I'm minding my business, officer, I'm minding my business [...]». O áudio também está disponível em: <http://www.hiaw.org/garner/>.

tempo, dá para ver no fundo da imagem quando o outro policial, Daniel P., parece pedir reforços pelo rádio. Para quê? Eric Garner é mesmo grande e corpulento, mas ele não está ameaçando ninguém. Nessa situação, ele não representa nenhum perigo. E acima de tudo: ainda não está claro que tipo de crime ele teria cometido. De forma alguma fica evidente por que ele deveria ser preso. Talvez porque ele não consiga se identificar? Porque ele não permite ser revistado? O que é que os agentes veem ali? Por que eles não podem deixar esse homem alto e até meio desajeitado em paz? Mesmo que no passado ele já tivesse sido enquadrado por vender «*loosies*», nesta tarde de julho de 2014, em frente ao Bay Salon em Tompkinsville, Staten Island, não há indício de que ele estivesse comercializando cigarros não tributados. Não há bolsa ou mochila na qual ele poderia ter guardado as mercadorias. O que é que eles veem ali?

Nessas imagens, não há sinal de raiva ou agressão. Nada aponta para uma escalada da violência. Garner parece mais desesperado do que raivoso. Os dois agentes musculosos tampouco se mostram particularmente alterados. Eles devem ser treinados para tais situações. Estão em dois e a qualquer momento podem solicitar reforços. O homem de bermuda não os ameaça. Depois de mais de quatro minutos de conversa, Justin D. puxa as algemas que levava na cintura. Ele e P. avançam ao mesmo tempo, pela frente e por trás. Eric Garner grita: «Por favor, não me toque!», e tenta se esquivar quando P. tenta agarrá-lo pelas costas. Ele não quer ser preso.[43] Talvez isso seja interpretado como resistência à prisão. Mas Garner não agride nenhum policial. Ele não os ataca. Ele levanta as duas mãos ao alto enquanto o oficial às suas costas o estrangula com um mata-leão. Mais dois policiais

---

43 Eric Garner já havia sido preso algumas vezes por venda ilegal de cigarros e por porte de maconha.

se aproximam e juntos derrubam Eric Garner no chão, e ele cai de bruços. P. continua segurando-o por trás. Ele fica deitado sobre Garner e estrangula seu pescoço. O que é que eles veem ali?

Na clássica obra da teoria pós-colonial *Pele negra, máscaras brancas*, o psiquiatra, político e escritor francês Frantz Fanon descreve em 1952 a visão branca sobre um corpo negro: «O p. é um animal, o p. é ruim, o p. é malvado, o p. é feio; olhe, um p.! Faz frio, o p. treme, o p. treme porque sente frio, o menino treme porque tem medo do p., o p. treme de frio, um frio que morde os ossos, o menino bonito treme porque pensa que o p. treme de raiva, o menino branco se joga nos braços da mãe: mamãe, o p. vai me comer!».[44] Fanon observa que, se um corpo negro treme, um garoto branco que foi ensinado a ter medo do corpo negro não consegue perceber isso como um sinal de frio, mas apenas como um sintoma da raiva. De acordo com Fanon, um garoto branco é criado com aquelas cadeias de associações que ligam um corpo negro a um animal, a algo imprevisível, meio selvagem e perigoso; ele vê um corpo negro e automaticamente associa a atributos como «ruim», «malvado», «feio», em seguida, pensa: «Ele quer me comer».

A percepção, como campo de visibilidade, não é neutra, mas é predeterminada por malhas históricas que apenas registram ou notam o que se encaixa nelas. Numa sociedade em que o tremor de um corpo negro ainda é interpretado como uma expressão de raiva, na qual crianças (e adultos) brancas ainda são treinadas para olharem negros como algo a evitar ou temer, Eric Garner (ou Michael

---

44 Tanto no original quanto na tradução, a palavra que começa com «p» está escrita com todas as suas letras. Nesse caso, renuncio expressamente a escrevê-la porque, ao usá-la como uma autora branca que cita um escritor negro, coloco-o em outro contexto e estou ciente dos mal-entendidos e dos danos que isso pode causar. Frantz Fanon, *Pele negra, máscaras brancas*, op. cit., pp. 106-107.

Brown ou Sandra Bland ou Tamir Rice) ou todas as outras vítimas de violência policial branca são *vistos* como uma ameaça, mesmo que não representem perigo algum. Como várias gerações foram educadas dessa maneira, já não é necessário que o medo seja real para abusar de um corpo negro. Há muito tempo o medo foi transformado e inscrito na própria concepção institucional da polícia. O molde racista, que vê algo de amedrontador em todo corpo negro, se traduziu na atitude dos policiais brancos que consideram sua missão proteger a sociedade desse perigo imaginário. Individualmente, eles não precisam de um ódio ou medo prementes para limitar os direitos dos negros. E, por isso, o corpo negro ainda é visto como uma ameaça mesmo quando já está indefeso e quase morto.[45]

Garner está deitado de lado no chão, embaixo de um monte de policiais, o braço esquerdo dobrado atrás das costas, o braço direito estendido na calçada. O oficial ainda está pendurado em seu pescoço. Todos juntos viram o indefeso Garner de barriga para baixo. O que é que eles veem? «*I can't breathe*», «Não consigo respirar», 4 minutos e 51 segundos se passaram no vídeo quando as palavras de Eric Garner são ouvidas pela primeira vez; «não consigo respirar» uma segunda vez, já são 4 minutos e 54 segundos e nas imagens são cinco agentes que maltratam esse corpo negro. Eles não param, embora todos tivessem ouvido o grito desesperado de Garner. O policial que o derrubou com o estrangulamento agora se ajoelha e apoia a cabeça de Garner na calçada com as duas mãos. «*I can't breathe*», 4 minutos e 56 segundos, a cada dois segundos

---

45 Nesse sentido, são particularmente instrutivos os textos de Judith Butler, «Endangered / Endangering: Schematic Racism and White Paranoia», como também Robert Gooding-Williams, «Look, a n...» ambos em: Robert Gooding-Williams (Org.), *Reading Rodney King, Reading Urban Uprising*. Nova York/Londres: Routledge, 1993, pp. 15-23 e pp. 157-178.

essa exclamação irrompe de Garner; 4 minutos e 58 segundos «*I can't breathe*», «*I can't breathe*», «*I can't breathe*», «*I can't breathe*», onze vezes o asmático Eric Garner diz, ofegante, que não consegue respirar. Então não se ouve mais nada.

Um policial fica na frente da câmera e encobre a cena. A voz em *off* diz: «Mais uma vez, a polícia está batendo no cara errado». Quando a visão é novamente liberada, vê-se Eric Garner deitado no chão. Vários policiais ainda estão agachados em cima (e ao redor) do corpo imóvel. Da voz em *off* se ouve: «Tudo o que ele fez foi apartar uma briga, e é isso que acontece». Após um minuto, Eric Garner ainda continua lá deitado. Para dizer de forma clara: há *um ser humano* estirado no chão. Inconsciente. Mas ninguém tem a ideia de retirar as algemas daquele homem indefeso. Ninguém tenta iniciar nenhuma manobra de reanimação. Os policiais que o cercam se limitam a erguer o corpo sem vida e depois o colocam de volta no chão. Como uma coisa qualquer. Eles não se importam com esse ser humano porque é óbvio que eles não o veem como tal. Nem parecem nervosos ou desesperados com o que fizeram. Como se esse estado ao qual eles trouxeram Eric Garner por meio de sua violência fosse a melhor situação para um corpo negro estar.

«É tão fácil ignorar a dor do outro, que somos até capazes de infligir ou ampliar essa dor sem que isso nos comova», escreve Elaine Scarry em seu texto «A dificuldade de imaginar outras pessoas».[46]

A única coisa que ajuda a suportar esse vídeo é a voz da testemunha, o porto-riquenho Ramsey Orta. Ele não pode evitar esse terrível acontecimento, mas não desvia o olhar; ele observa. É uma contraesfera pública, *outra maneira de ver*, que situa e interpreta o ocorrido de maneira diferente. Seus

---

46 Elaine Scarry, «Das schwierige Bild des Anderen», in: Friedrich Balke et al. (Org.), *Schwierige Fremdheit*, op. cit., p. 230.

comentários complementam os acontecimentos com uma perspectiva crítica. Ele descreve o que *ele* vê: uma pessoa indefesa que foi atacada pela polícia sem justa causa. «*They didn't run and get the n... that was fightin', they get the n... that broke it up.*» [Eles não correram e pegaram os p... que estavam brigando, eles pegaram o p... que apartou a briga.] Essa testemunha que está filmando é constantemente pressionada a deixar a cena, até que finalmente ele muda de lugar e filma de um plano frontal o Bay Salon, em cuja entrada Eric Garner está caído. Há uma breve interrupção na gravação, mas não se sabe quanto tempo se passou. O vídeo marca oito minutos quando uma policial finalmente se aproxima de Eric Garner, que está inconsciente, e parece tomar seu pulso.

Dois minutos depois, durante os quais ninguém faz nada para ajudar, durante os quais ninguém realiza uma massagem cardíaca ou alguma outra medida de reanimação, de repente surge na cena Daniel P., o policial que estrangulou Eric Garner. Ele anda de um lado para o outro aparentemente sem rumo. A testemunha que está gravando o interpela: «*Don't lie, man... I was here watching the whole shit*» [Não minta, cara... eu estava aqui vendo a porra toda]. O policial se aproxima e faz um gesto de rechaço com as mãos, como se o que a testemunha viu não tivesse a menor importância, como se o que contasse fosse apenas o olhar de um policial branco; ele diz: «*Yeah, you know everything*» [É, você tá sabendo de tudo mesmo]. E nesse «você» ressoa a condescendência de um poder seguro de que esse «você» nunca terá o mesmo valor; nesse «você» ressoa a certeza de que não importa o que essa testemunha tenha visto, pois sempre se acreditará mais em um policial branco do que em uma testemunha civil de origem porto-riquenha.

Existe ainda um segundo vídeo. Filmado de outra perspectiva. Claramente dá para ver que ele foi gravado de dentro do salão de beleza através da porta de entrada que estava aberta. O vídeo começa muito mais tarde que o primeiro. Eric Garner já está caído imóvel no chão. Em volta dele estão os oficiais da patrulha de reforço que tocam ligeiramente seu corpo pesado, desviram-no, sentem brevemente sua pulsação no pescoço. Um dos policiais revista o bolso de trás da bermuda de Eric Garner – mas ninguém tenta reanimar aquela pessoa inconsciente. Em *off*, ouve-se agora a voz de uma mulher: «NYPD [sigla em inglês para Departamento de Polícia de Nova York] que importuna as pessoas... ele não fez absolutamente nada... vocês não querem chamar uma ambulância...». Passam mais alguns minutos sem ninguém prestar ajuda. Parece que ninguém ainda havia tirado as algemas de Eric Garner. Um dos oficiais puxa um celular do bolso da bermuda de Garner e o entrega a um colega. Após cerca de quatro minutos, uma policial se inclina sobre Garner e o observa. Ela mede seu pulso e, já em pé, fala alguma coisa para o colega e nada mais. Demora ainda alguns minutos até que uma ambulância chegue. Eric Garner é colocado na maca – a câmera se move rapidamente para o lado e pega o policial Daniel P. Ele percebe que está sendo filmado e acena para a câmera.

Eric Garner morreu de insuficiência cardíaca a caminho do hospital. Tinha 43 anos, deixando uma esposa, seis filhos e três netos. Posteriormente, médicos-legistas diagnosticaram a causa da morte como «estrangulamento», «compressão no peito», «compressão no pescoço» e constataram homicídio.[47]

«Medo! Medo! E começavam a me temer», escreve Frantz Fanon. «Quis gargalhar até sufocar, mas isso tornou-se impossível.»[48]

---

47 Além disso, como também afirmaram os médicos-legistas, o falecimento de Eric Garner foi favorecido pela sua asma, insuficiência cardíaca e pelo excesso de peso.

48 Frantz Fanon, *Pele negra, máscaras brancas*, op. cit., p. 105.

O golpe de estrangulamento que matou Eric Garner não foi espontâneo, embora essa cena possa nos dar essa impressão. A técnica possui uma longa história. Somente em Los Angeles, entre 1975 e 1983, dezesseis pessoas foram vítimas dessa técnica de estrangulamento. Em Nova York, 22 anos antes de Eric Garner, um homem de 29 anos do Bronx, Anthony Baez, também com asma crônica, morreu ao ser estrangulado por um policial.[49] A ocasião não foi, naquele caso, uma suposta venda de cigarros, mas uma brincadeira com uma bola de futebol que – acidentalmente, como a polícia também confirmou depois – atingiu uma viatura policial estacionada. O estrangulamento que vitimou Eric Garner deixou de ser legal há muito tempo: em 1993 o Departamento de Polícia de Nova York já havia proibido essa técnica de combate em suas operações. Apesar disso, após dois meses de instrução o grande júri analisou as circunstâncias em torno da morte de Eric Garner e o comportamento do policial Daniel P. e decidiu que não havia provas razoáveis para continuar com a acusação.

«Não há nada que seja singularmente maléfico nesses destruidores, ou mesmo nesse momento. Os destruidores são apenas homens que fazem cumprir os caprichos de nosso país, interpretando corretamente sua herança e seu legado», escreve Ta-Nehisi Coates em seu livro *Entre o mundo e eu*.[50] Para isso nem precisa de maldade. Nem mesmo de ódio premente e intenso. Segundo Coates, precisa-se apenas da certeza de uma herança na qual os negros possam sempre ser humilhados, desrespeitados ou maltratados sem punição. Basta a noção tradicional de medo que associa os corpos negros ao perigo e que,

---

49 Disponível em: <http://www.nytimes.com/1994/12/30/nyregion/clash-over-a-football-ends-with-a-death-in-police-custody.html>.

50 Ta-Nehisi Coates, *Entre o mundo e eu*. Tradução de Paulo Geiger. Rio de Janeiro: Objetiva, 2015, p. 20.

por isso, qualquer violência contra eles seja sempre considerada legítima. Nesse olhar formado historicamente desaparecem todas as evidências concretas de como Eric Garner, Sandra Bland ou os fiéis da Igreja Emanuel AME em Charleston, de maneira objetiva, são inocentes e estão indefesos. De acordo com essa herança, a paranoia branca tem sido sempre legitimada.

O estrangulamento que matou Eric Garner pode até ter sido um ato individual, porque foi apenas Daniel P. quem o usou nessa situação, mas ele se encaixa na história da violência policial branca contra afro-americanos que, mais recentemente, tem sido denunciada pelo movimento *#blacklivesmatter*. O medo diante da violência branca faz parte da experiência coletiva de afro-americanas e afro-americanos, pertence ao legado da escravidão. É um paradoxo desolador: o medo racista diante do corpo negro é socialmente reconhecido e reproduzido, mas o medo justificado de negros (que foram estigmatizados pelo preconceito) diante da violência policial branca, por outro lado, permanece no ponto cego exatamente desse racismo. «Não é preciso que você acredite que o policial que deu uma chave de braço em Eric Garner tenha escolhido aquele dia para destruir um corpo. Tudo que você precisa compreender é que o policial corporifica o poder do Estado americano e o peso do legado americano, e eles precisam que, dos corpos destruídos a cada ano, um número desregrado e desproporcional seja de negros.»[51]

Constatar a existência de um preconceito ou de um racismo institucional não significa imputar uma atitude criminosa ou racista a cada um dos policiais. É claro que existem inúmeros policiais que são contra e se afastam de qualquer forma de discriminação ou de violência contra negros. Certamente, há oficiais tremendamente comprometidos que

---

51 Ibid. p. 79.

protestam contra o fardo histórico do racismo. E há também autoridades regionais particularmente preocupadas com a população negra local, tentando construir um clima de confiança e conter a violência.[52] Mas, infelizmente, ambos são verdadeiros: há inúmeros policiais individualmente íntegros e existe um racismo inerente à instituição da polícia e ao modo como ela própria se define, que enxerga um perigo maior em corpos negros do que em brancos. À sua maneira, a polícia espelha a divisão da sociedade que faz parte da experiência cotidiana de pessoas negras nos Estados Unidos.

As afro-americanas e os afro-americanos continuam crescendo com a «contradição» artificial de serem negros e americanos. Teoricamente os negros pertencem à sociedade norte-americana, mas permanecem definitivamente fora dela.[53] Os números continuam documentando uma divisão social dos Estados Unidos e a discriminação dos negros. Dos 2,3 milhões de encarcerados nas prisões americanas, segundo estatísticas da organização para defesa dos direitos civis NAACP, um milhão são afro-americanos. Eles são condenados à prisão com uma frequência seis vezes maior que os brancos. De acordo com um estudo da organização *Sentencing Project*, a duração média da sentença de prisão à

....

52 Justamente em Dallas, onde cinco policiais foram mortos por Micah Johnson, um veterano da guerra do Afeganistão, a polícia vinha lutando havia anos para reduzir o nível de violência. Cf.: <www.faz.net/aktuell/feuilleton/nach-den-polizistenmorden-aus-gerechnet-dallas-14333684.html>.

53 Em uma entrevista ao *New York Times* sob o título «*The Perils of Being a Black Philosopher*» [Os perigos de ser um filósofo negro], George Yancey descreve essa experiência de medo com as seguintes palavras: «*Black people were not the American ‹we› but the terrorized other*» [As pessoas negras não eram o «nós» norte-americano, mas sim o outro aterrorizado]. Cf.: <http://opinionator.blogs.nytimes.com/2016/04/18/the-perils-of-being-a-black-philosopher/?smid=tw-nytopinion&smtyp=cur&_r=1>.

qual os afro-americanos são condenados por um delito de drogas (58,7 meses) é aproximadamente equivalente à imposta aos brancos que cometeram um crime violento (61,7 meses). Entre 1980 e 2013, mais de 260 mil homens afro-americanos foram assassinados nos Estados Unidos. Para ter uma ideia, durante a Guerra do Vietnã morreram 58.220 soldados estadunidenses.

Quem é branco pode ter dificuldade em imaginar o que essa experiência de desprezo estrutural implica: por que – assim poderia facilmente pensar um branco – os negros são abordados se não fizeram nada errado? Por que – quem é branco poderia facilmente perguntar – os negros deveriam ser presos sem motivo, por que deveriam ser espancados se eles não ameaçaram com violência, por que deveriam ser sentenciados a penas mais longas se foram culpados dos mesmos crimes que os brancos? Por que – poderia se perguntar quem não vivencia cotidianamente a iniquidade – são cometidas tantas injustiças no mundo?

Quem se encaixa na norma pode cair no erro de acreditar que a norma não existe. Quem se assemelha à maioria pode cair no erro de acreditar que a identificação com essa maioria que dita a norma não tem importância. Aqueles que estão em conformidade com a norma podem não perceber como ela exclui ou degrada os outros. Aqueles que estão em conformidade com a norma geralmente são incapazes de imaginar seus efeitos, porque sua própria aceitação é tomada como uma obviedade. Mas os direitos humanos são para todos. Não apenas para aqueles que são considerados semelhantes. E, por isso, é importante estar ciente de que tipos de desvio, de quais formas de alteridade são definidas como relevantes e, portanto, suscetíveis de participar da sociedade e de merecer respeito e reconhecimento. Assim, devemos prestar muita atenção quando aqueles que não estão em conformidade com a norma contam como se sentem no seu dia a dia, sendo excluídos e desprezados – e é importante se colocar em sua situação, mesmo que isso nunca tenha acontecido conosco.

Quem for abordado pela polícia uma primeira vez sem razão aparente pode até se sentir desconfortável, mas dificilmente ficará irritado. Mas quem é importunado repetidas vezes sem motivo algum, quem tem de mostrar repetidamente seus documentos, quem precisa ser revistado várias e várias vezes, para essa pessoa uma inconveniência ocasional se transforma em um insulto sistemático. Isso não só tem a ver com certas experiências de racismo institucional ou violência policial, mas também com desrespeitos mais sutis que ocorrem em menor escala. Em uma entrevista coletiva por ocasião do assassinato do jovem negro Trayvon Martin, Barack Obama relatou esse tipo de ofensas cotidianas. Obama falou de si mesmo e, por sua vez, da experiência de todas as afro-americanas e afro--americanos que, de modo regular, são observados essencialmente como ladrões em supermercados; da experiência de ter o crédito para abrir um negócio negado sem nenhum motivo aparente; de ter de ouvir o barulho repentino do trancamento das portas dos carros na rua – única e exclusivamente porque são percebidos como um perigo, como uma ameaça, como um outro monstruoso.

Outro desses desrespeitos que passam despercebidos com facilidade àqueles que não são obrigados a vivê-los diariamente é o fato de ser confundido com outra pessoa. Não com qualquer pessoa que, de fato, se assemelha a nós, mas com alguém que simplesmente só tem a mesma cor de pele, como se todos os negros parecessem iguais. Eu mesma tive essa experiência, embora não em relação a pessoas negras. Certa vez, em uma disciplina que lecionei nos Estados Unidos, tive três estudantes americanas de origem asiática. Elas não eram nem um pouco parecidas. Quando estavam sentadas na minha frente, diferenciá-las era simples, era óbvio.

No entanto, durante a primeira semana de curso, quando uma delas foi ao meu gabinete, eu não conseguia saber qual das três era. Acho que pude esconder isso dela, mas foi embaraçoso. Espero que isso tudo tenha sido o resultado da minha inexperiência. Mais tarde, uma amiga nipo-germânica de Berlim me tranquilizou ao explicar que alguns asiáticos têm o mesmo problema com rostos como o meu. Em princípio, pode até não ser repreensível ter certas dificuldades com nomes ou rostos que não sejam tão familiares para nós. Mas é, sim, reprovável não refletir sobre isso e não procurar conhecer melhor os nomes e os rostos – e, portanto, as pessoas como indivíduos. Porque, para aqueles que são «confundidos», não apenas uma vez, mas repetidamente, essa experiência não fica marcada apenas como mero desconhecimento, mas como desprezo. É como se eles individualmente não valessem nada.[54]

Com o tempo, experimentar humilhações desse tipo regularmente leva a uma melancolia que todos que são deslocados para qualquer parte daquele esquema traçado entre o invisível e o monstruoso já conhecem. Todo dia ou toda semana, em encontros casuais na rua, em bares, em conversas com conhecidos ou desconhecidos, tendo de se justificar constantemente, tendo de se defender contra falsas insinuações, contra o ressentimento e a estigmatização, tudo isso não suga apenas todas as forças, mas também perturba. Ser permanentemente ferido por concepções e leis carregadas de ideologias, por gestos e por convicções não apenas irrita, mas também paralisa. A exposição contínua ao ódio faz com que os afetados muitas vezes se calem. Quem é rotulado como perverso ou perigoso, inferior ou doente, quem é obrigado a se justificar por causa

---

54 Não quero listar aqui com quantas mulheres lésbicas eu já fui confundida e que realmente não se pareciam em nada comigo.

de sua cor de pele, orientação sexual, suas próprias crenças ou simplesmente por trajar algo sobre a cabeça ou o rosto, frequentemente perde a legitimidade de falar livre e abertamente.[55]

Além disso, há um momento de vergonha que tendemos a ignorar: é desagradável quando nós *mesmos* temos de apontar quando e como certas palavras ou gestos, práticas e convicções agridem e excluem um outro. Pelo menos isso acontece comigo. Secretamente, desejo que *todos* notem uma injustiça, mesmo que eles próprios não sejam afetados por ela. Isso faz parte da expectativa moral que gerei em relação aos outros ou – talvez isso soe de modo mais sutil – da confiança que tenho na própria sociedade: eu espero que não apenas as vítimas do desprezo ou da humilhação se defendam; sim, não apenas elas deveriam perceber as ofensas e agressões, mas *todos* nós. Nesse sentido, há algo estranhamente decepcionante no fato de esperar que outros intervenham... e não ver nada acontecer.

Por esse motivo, sempre é preciso algum esforço para superar (não apenas o medo, mas também a vergonha) e falar por si próprio. Toda revolta, todo protesto pressupõe a depreciação prévia de ter de mencionar a própria agressão. Hannah Arendt disse certa vez: «Você só pode se defender como aquilo que é atacado». No caso dela, Arendt estava se referindo a reagir como judia já que foi atacada como judia. No entanto, isso também significa perguntar sempre na qualidade de quem foi agredido e se relacionar com isso na qualidade de quem então fala. Como aquele que é invisível e monstruoso para os outros? Na qualidade daqueles cujas vidas são limitadas e perturbadas no cotidiano por gestos e linguagens, por leis e hábitos? Como aquele que

---

55 Cf. também Mari J. Matsuda, Charles R. Lawrence III, Richard Delgado, Kimberlè Williams Crenshaw (Org.), *Words that Wound. Critical Race Theory, Assaultive Speech, and the First Amendment*. Boulder (Colorado): Westview Press, 1993, p. 13.

não quer mais tolerar essas malhas de percepção, essas atribuições, esse ódio?

Tudo isso é particularmente doloroso por uma razão: a profunda melancolia de ser desprezado é algo que dificilmente pode ser mostrado. Quem expõe a agressão sofrida, quem não mais reprime sua tristeza por essas formas de exclusão que se repetem indefinidamente é frequentemente acusado de ficar «indignado» (a descrição «*angry black man*» [homem negro indignado], «*angry black woman*» [mulher negra indignada] pertence à estilização na qual o desespero dos que já estão sem forças é reinterpretado como uma raiva supostamente infundada), de «não ter senso de humor» (contra feministas ou mesmo mulheres lésbicas, isso faz parte do repertório padrão), de querer «tirar proveito» da própria história de sofrimento e dor (contra judias e judeus). Acima de tudo, todos esses rótulos pejorativos servem para negar às vítimas do desprezo estrutural a possibilidade de resistir. Dessa maneira, já de partida eles recebem um atributo que dificulta a sua fala.

Quem nunca foi humilhado, quem nunca teve de se defender contra o desprezo social, quem não teve de se reconhecer naquela malha entre o invisível e o monstruoso dificilmente pode imaginar como é difícil, no momento da ofensa ou da agressão, ainda ter de soar *alegre* e *agradecido* para não atrair os atributos «indignado», «sem senso de humor», «aproveitador». A expectativa implícita de ter de reagir «com calma» a insultos ou desprezo sistemáticos é ainda mais pesada, pois supõe que não há nenhuma razão para se sentir chateado ou exaltado.

Essa é provavelmente a razão pela qual, para mim, o momento mais comovente e amargo no vídeo de Eric Garner não é aquele em que ele pronuncia a frase «*I can't breathe*», muitas vezes citada. Para mim, o momento mais impressionante é quando Eric Garner, antes mesmo de os policiais o atacarem, diz: «*It stops today*» [isso tem que parar hoje]. O desespero em sua voz quando ele fala essa frase.

«Isso tem que parar hoje», eis aí alguém dizendo que simplesmente não suporta mais ser abordado e preso pela polícia repetidamente, que não quer mais aceitar seu papel em uma peça injusta, o papel de um homem negro que não pode aceitar com calma ser permanentemente menosprezado e humilhado. «Isso tem que parar hoje» também se refere àquele olhar que torna invisível ou monstruoso, em que pessoas «passam despercebidas», como o garoto no metrô, empurrando-as ao chão ou que considera pessoas como Eric Garner um perigo quando ele já está caído inconsciente e algemado.

Talvez isso também me comova tanto porque deixa claro para mim como eu gostaria que Eric Garner fosse lembrado: não só como o corpo imóvel caído no chão embaixo de um amontoado de policiais, não como aquele que com a voz sufocada diz «eu não consigo respirar» antes de morrer, mas como aquele que fala «*I'm tired of it. This stops today*» [Estou cansado disso. Isso tem que parar hoje], como aquele que faz uma objeção, que quer interromper a história das incessantes abordagens e revistas policiais, a longa história do medo negro diante da violência policial branca. Em seu grito de «eu não consigo respirar» ressoam a dor e a agonia da morte. E essa é provavelmente a razão pela qual essa frase acabou se impondo como lema nos protestos que ocorreram nos Estados Unidos em seguida. Essas palavras servem bem para denunciar a violência policial endêmica. O «eu não consigo respirar», que qualquer um dos policiais poderia ter ouvido, atesta a sua indiferença: eles parecem não se importar se uma pessoa negra não consegue respirar, se ela pode morrer. Só quem sabe que não receberá nenhuma punição séria é que pode se permitir tal indiferença.

Por outro lado, a frase «*This stops today*» não se refere apenas a esse momento particular de abuso policial, mas ao ódio secular que há muito se decantou e foi incorporado a práticas institucionais de discriminação e exclusão racista. «*This stops today*» também se refere à tolerância social, à aceitação cômoda de algo que supostamente não se pode mudar só porque vem sendo assim há muito tempo. Com esse «isso tem que parar hoje», Eric Garner também afirma sua dignidade subjetiva como um indivíduo que não quer mais aceitar a contínua negação dessa dignidade.

E é justamente essa dignidade que todos deveriam defender: «Isso tem que parar hoje», esse ódio, essa violência, em Staten Island ou em Clausnitz. «Isso tem que parar hoje», a elevação populista de certas emoções à categoria de argumento político, a retórica do «medo» e da «preocupação» por trás da qual se camufla o puro racismo. «Isso tem que parar hoje», esse discurso público no qual qualquer trapalhada subjetiva, qualquer falta de vergonha ou miséria interior, qualquer crença falsa baseada em uma teoria da conspiração são consideradas intocáveis, autênticas e valiosas e, dessa forma, bloqueiam o acesso à reflexão crítica e também à empatia. «Isso tem que parar hoje», esses esquemas nos quais o ódio é canalizado, esses padrões nos quais as normas se definem e que levam ao estigma e à exclusão daqueles que não se encaixam nelas. «Isso tem que parar hoje», essa disposição interior que faz com que alguns «passem despercebidos» e sejam jogados no chão sem que ninguém os ajude nem lhes peça desculpas.

Capítulo 2

Homogêneo – Natural – Puro

Lar é de onde se vem.
À medida que envelhecemos
O mundo se torna mais estranho,
mais intrincada essa questão
T.S. Eliot, *Quatro quartetos*[1]

O Livro dos Juízes conta a velha e ainda atual história da marginalização do outro: «E os galaaditas ocuparam os vaus do Jordão, cortando a passagem de Efraim. Quando um efraimita fugitivo pedia para passar, os galaaditas perguntavam: ‹Você é efraimita?›. Se ele dizia que não, eles pediam: Então diga: ‹Chibôlet›. Ele dizia: ‹Cibôlet›, porque não conseguia pronunciar doutro modo. Então eles o agarravam e o matavam nos vaus do Jordão. Nesse tempo, foram mortos quarenta e dois mil efraimitas» (Livro dos Juízes 12, 5-6).

Essa única palavra «chibôlet» (transliteração da palavra hebraica «shibbōleth», que significa «espiga de grãos») deve, portanto, decidir quem pode ultrapassar o limiar, quem pode e quem não pode pertencer. Não basta apenas o *desejo* de pertencer, não basta renunciar à própria origem e abraçar uma nova terra. Tal afirmação tem de ser verificada. A palavra «chibôlet», que alguns pronunciam corretamente e outros não, essa capacidade ou incapacidade fortuita é o que decide quem pode e quem não pode ser declarado amigo. Essa única palavra é a divisa que separa o «nós» do «eles», os «nativos» dos «estrangeiros».

---

1 T. S. Eliot, *Quatro quartetos*. Tradução de Ivan Junqueira. 2ª ed. Rio de Janeiro: Nova Fronteira, 1981, p. 213. [N. do T.]

O Livro dos Juízes nos conta que, para os efraimitas, a tarefa era tão existencial quanto insolúvel. A passagem deles pelo rio Jordão dependia de um detalhe: a pronúncia «chi» na palavra «chibôlet». Mesmo que eles conhecessem a palavra-passe, eram incapazes de pronunciá-la corretamente. «Eles se distinguiam por não conseguir distinguir uma distinção codificada como tal.»[2] O critério de pertencimento é, portanto, algo dado a alguns e a outros não. Para os efraimitas, isso claramente não parece ser nada que pudessem adotar. Não há nada que pudesse ser apropriado ou assimilado. Há apenas *uma* única chance e uma tarefa insolúvel. Não há nada na história antiga informando sobre que outras características determinavam um galaadita. Não há nada sobre suas convicções religiosas ou culturais, seus hábitos ou práticas rituais, não é mencionado nada que diferenciasse seu universo cotidiano e sua comunidade. Também não são dadas as razões pelas quais os efraimitas não poderiam ser integrados ou por que seriam tratados como inaceitáveis ou até mesmo perigosos. Com a palavra «chibôlet» foi escolhida uma marca de diferença tão arbitrária quanto intransponível. Por meio dela, as pessoas eram menosprezadas ou agredidas não apenas como Outros, mas também como inimigos.

A velha história do «chibôlet» ainda não perdeu sua validade porque dá conta de todos os métodos arbitrários que as sociedades empregam para rejeitar e desvalorizar indivíduos ou grupos. Ela pode ser facilmente transferida aos mecanismos do pensamento antiliberal ou fanático, que inventa normas e códigos excludentes que, aparentemente, definem uma única forma correta de religião, uma única forma legítima de afiliação a uma cultura, a uma nação ou a uma ordem social; e os quais abastecem

---

2   No original em francês: «ils se marquaient de ne pas pouvoir re-marquer une marque ainsi codée», in: Jacques Derrida, *Schibboleth: pour Paul Celan*. Paris: Galilée, 1986, p. 45. [N. do T.]

essas prescrições com uma legitimação para o exercício da violência contra tudo o que desvie delas. Os códigos podem divergir, assim como as consequências da discriminação, mas as técnicas de inclusão e exclusão são semelhantes. O que varia são as normas, as linhas divisórias que são condensadas em uma narrativa para diferenciar o «nós» dos «outros», para limitar o reconhecimento social ou mesmo para reduzir os direitos civis. Às vezes, esses «chibôletes» servem «apenas» para estigmatizar. Às vezes, eles justificam ou até incitam a violência.

Bem, a existência de práticas e crenças que caracterizam uma comunidade social ou cultural não é um problema em si. É óbvio que todo grupo ou organização privada tem o direito de definir regras de admissão. Da mesma forma, as comunidades religiosas estabelecem certos rituais e dogmas que visam sublinhar sua própria particularidade. Para uns, isso consiste em respeitar certos dias de descanso; para outros, códigos de vestuário; para alguns, o ritual da oração é tão elementar quanto a doação misericordiosa de esmolas; alguns acreditam na Santíssima Trindade, outros na reencarnação. Naturalmente, essas práticas ou crenças também traçam linhas divisórias entre aqueles que pertencem (ou querem pertencer) e aqueles que não pertencem (ou não desejam pertencer). Isso permite que os protestantes desejem e possam se distinguir dos católicos, ou os seguidores de Mahayana daqueles de Theravada. Isso é completamente legítimo. Embora ao longo da história (e de diversas gerações) tenha se observado que todas essas distinções são mais controversas internamente do que gostaríamos de reconhecer, essas comunidades são potencialmente abertas para aqueles que querem se aproximar delas. Elas inventam e transmitem narrativas que permitem atravessar os limiares da entrada e da passagem. Além disso, a legitimação da violência não decorre automaticamente das diferenças com outras comunidades.[3]

Por outro lado, o que me interessa aqui são as narrativas nas quais são inventados códigos sociais, culturais e corporais que, supostamente, caracterizam um estado democrático, uma nação, uma ordem social e que, ao mesmo tempo, declaram pessoas ou grupos inteiros como «estranhos» ou *hostis*, excluindo-os de uma comunidade legal. Estou interessada na dinâmica, que pode ser observada atualmente, de radicalização de certas concepções de mundo ou ideologias, nos motivos e conceitos recorrentes com os quais movimentos sociais ou atores políticos tentam justificar suas posições cada vez mais fanáticas (e às vezes também sua violência). O que me importa são as estratégias usadas para construir uma nação, cultura ou comunidade «autênticas» diante da «inautenticidade» de outras pessoas, que podem então ser menosprezadas ou atacadas.

«A diferença se degrada em desigualdade; a igualdade em identidade», escreve Tzvetan Todorov em seu livro *A conquista da América*, «são essas as

---

3 Diferenças nas práticas e nas crenças da fé não são encontradas apenas entre comunidades religiosas, mas também *dentro* de cada uma. A fé na modernidade é sempre – para além de toda doutrina teológica – a fé *vivida* que, em diferentes gerações ou regiões, é muito mais multifacetada e flexível do que pretendem os respectivos textos canônicos ou magistérios. A regra básica de não impor *nenhuma coação* também se aplica às comunidades religiosas em geral. Isso exige que, para aqueles que nascerem em uma comunidade com cujas regras não podem ou não querem concordar, exista uma *opção de saída*: os membros de uma comunidade ou aqueles que nela nasceram devem poder sair se não quiserem ou não puderem compartilhar suas crenças, se se sentirem oprimidos por seus preceitos ou mesmo se seus direitos como sujeitos autônomos forem violados. Tanto o ter de (ou ser capaz de) acreditar como o não ter de (ou ser capaz de) acreditar são direitos (ou dons) individuais que merecem ser igualmente defendidos. O acesso a determinada crença e a determinada comunidade religiosa não deve ser imposto.

duas grandes figuras da relação com o outro, que delimitam seu espaço inevitável.»[4]

Todorov capta muito bem esse momento antiliberal: de como as diferenças físicas, religiosas, sexuais ou culturais entre as pessoas não permanecem apenas isso, *diferenças* entre pessoas ou grupos, mas sim deriva-se delas sempre uma *desigualdade social ou legal*. De como aqueles que diferem nem que seja o mínimo de alguém ou de uma maioria constituída como norma não são apenas percebidos como «diferentes», mas sim, de uma só vez, são considerados «errados». Por isso, não têm o direito de ser protegidos. Como a única coisa que conta dentro de uma identidade é o que é absolutamente igual, tudo o mais deve, em teoria, ser excluído e rejeitado.

Quais são as constelações nas quais, atualmente, são buscadas diferenças fortuitas ou inatas para vinculá-las ao reconhecimento social ou até mesmo aos direitos humanos e civis? O que acontece quando movimentos sociais ou comunidades políticas querem estabelecer critérios para a igualdade de tratamento em um estado democrático que atinge apenas *determinado* segmento dos cidadãos de uma sociedade, por exemplo, apenas pessoas com um corpo específico, determinada crença, certa forma de amar ou de falar? E o que acontece quando esses critérios são usados para decidir quem recebe plenos direitos humanos ou civis e quem pode ser desprezado e maltratado, expulso ou até morto?

Para ilustrar isso com exemplos surreais, imagine se na Alemanha apenas canhotos tivessem o direito de expressar sua opinião livremente; se apenas as pessoas com ouvido absoluto pudessem aprender carpintaria; se apenas mulheres fossem admitidas como testemunhas em tribunais; se apenas os

---

4 Tzvetan Todorov, *A conquista da América: a questão do outro*. Tradução de Beatriz Perrone Moisés. 4ª ed. São Paulo: Martins Fontes, 2010, pp. 211-212.

feriados judaicos fossem comemorados em escolas públicas; se apenas casais homossexuais pudessem adotar crianças; se pessoas com gagueira tivessem seu acesso a piscinas públicas negado; se os torcedores do Schalke 04 fossem privados do direito à liberdade de reunião; se apenas pessoas com mais de 45 anos fossem admitidas no serviço policial – em cada um desses casos haveria códigos arbitrários que decidiriam sobre o reconhecimento social, os direitos às liberdades (civis, políticas, econômicas, culturais etc.) e o acesso a oportunidades e posições. Seria fácil reconhecer que os respectivos critérios de pertencimento ou acesso são irrelevantes em relação às habilidades necessárias para desempenhar um cargo ou assumir uma função ou, em princípio, são irrelevantes para o direito de viver uma vida livre e autodeterminada.

Muitas discriminações e exclusões mais recorrentes hoje em dia não são menos arbitrárias e absurdas do que as citadas nesses exemplos. Acontece que as narrativas em que são transmitidas (ou as leis em que estão inscritas) já têm uma tradição tão longa e os «chibôletes» contidos nelas foram repetidos com tanta frequência que sua questionabilidade passa despercebida. Normas includentes e excludentes precisam apenas ser muito antigas para desaparecerem no ponto cego da percepção social. Outras linhas divisórias, como as que separam «nativos» de «estrangeiros», famílias «certas» de «erradas», mulheres «reais» de «falsas», «europeus autênticos» de «europeus inautênticos», «britânicos verdadeiros» de «falsos britânicos», ou seja, essas linhas que separam um «nós» de um «Outro» são novas ou respondem a uma demanda cada vez mais premente na esfera pública.[5]

---

5 Para evitar mal-entendidos, é claro que essas exclusões às vezes podem ser apoiadas pela maioria, na forma de um referendo ou de eleições parlamentares. Mas isso não muda seu caráter potencialmente iliberal e questionável do ponto de vista

Vale a pena olhar para esses mecanismos de inclusão ou exclusão no presente: com quais histórias, com quais palavras-passe as pessoas são classificadas e julgadas. A decisão sobre quem pode e quem não pode pertencer, quem é incluído e quem é excluído, quem é dotado de poder e quem é destituído dele, a quem os direitos humanos são concedidos ou negados, tudo isso é preparado e justificado em dispositivos baseados no dito e no não dito, em gestos e leis, em regulamentos administrativos ou em disposições estéticas, em filmes ou em imagens. É por meio deles que determinadas pessoas são consideradas aceitáveis, pertencentes ao grupo e valiosas, enquanto outras são julgadas inferiores, estranhas e hostis.

Hoje em dia, certos movimentos políticos gostam especialmente de afirmar sua própria identidade como *homogênea*, *original* (ou *natural*) ou *pura*. Seja uma nação ou região dotada de uma autoridade especial, seja uma comunidade religiosa provida de maior legitimidade ou um povo que queira reivindicar direitos exclusivos – pelo menos um dos elementos (*homogêneo*, *original* ou *puro*) certamente aparece na autodescrição do «nós» defendido por esses grupos (por exemplo, os britânicos «originais» que desejam se diferenciar dos migrantes da Europa Oriental, ou os apoiadores do PEGIDA que querem defender o Ocidente «puro» contra os muçulmanos). Frequentemente, os três elementos aparecem de uma só vez. Eles podem ser encontrados nos mais diversos movimentos ou comunidades e apontam para o potencial iliberal de tais políticas de identidade. Movimentos secessionistas, partidos nacionalistas ou fundamentalistas pseudorreligiosos podem diferir muito em seu autoposicionamento ou ambição política, eles também podem advogar

---

normativo. As decisões democráticas devem estar contidas em um estado constitucional de direito e ser limitadas por garantias de direitos humanos. Voltarei a isso mais tarde.

estratégias diferentes de ação (ou de violência), mas todos são movidos por uma concepção semelhante de uma comunidade homogênea, original ou pura.

Homogêneo

*Muito antes de a linguagem dividir
e ordenar o mundo, o
espírito humano cria
um sistema a partir de categorias.*
Aleida Assmann, *Ähnlichkeit als Performanz*

Quase todos os partidos nacionalistas conservadores ou populistas de direita que tiveram sucesso nas eleições nacionais ou regionais realizadas recentemente na Europa – o Partido pela Liberdade [*Partij voor de Vrijheid*, pvv] na Holanda (em 2012, 10,1%), o Reagrupamento Nacional [*Rassemblement National*, até 1º de junho de 2018 denominado *Front National*] na França (em 2012, 13,6%), o Partido para a Liberdade da Áustria [*Freiheitliche Partei Österreichs*, fpö] (em 2013, 20,5%), a Fidesz-União Cívica Húngara [*Magyar Polgári Szövetség*] (em 2014, 44,9%, no governo), o Partido de Independência do Reino Unido [*UK Independence Party*, ukip] (em 2015, 12,6%), os Democratas da Suécia [*Sverigedemokraterna*, sd] (em 2015, 12,9%), o Partido dos Verdadeiros Finlandeses [*Perussuomalaiset*, ps] (em 2015, 17,7%, no governo), o Partido Popular Dinamarquês [*Dansk Folkeparti*, dfp] (em 2015, 21,2%, no governo), o Partido Popular Suíço [*Schweizerische Volkspartei*, svp] (em 2015, 29,4%, no governo) e o partido Lei e Justiça [*Prawo i Sprawiedliwość*, PiS] na Polônia (em 2015, 37,6% no governo) – defendem a ideia (ou o desejo) de uma nação com uma cultura e religião *homogêneas* ou, alternativamente, uma nação com um povo *homogêneo*.

Em princípio, o recurso ao conceito de «povo» é ambíguo. O que se quer dizer com ele? Quem é que deveria ser «o povo»? Alguns movimentos políticos que aludem a esse termo de maneira alguma associam-no a fins antidemocráticos excludentes, mas sim a intenções emancipatórias e inclusivas. Antes, eles expressam a frase: «Nós *também* somos o povo». Esses movimentos se sentem parcial ou completamente excluídos das práticas políticas ou leis que os afetam por não serem levados em conta, de forma satisfatória, nos processos de tomada de decisão. Eles se sentem insuficientemente representados não apenas no nível político, mas também no midiático. Nas democracias parlamentares de seus países ou na União Europeia, muitos movimentos sociais e políticos (independentemente de serem considerados de direita ou esquerda) criticam a falta de participação dos cidadãos. Eles lamentam o fraco vínculo entre as decisões políticas e os processos de formação pública (isto é, transparente) da vontade comum e denunciam a falta de legitimidade no plano da construção política (da União Europeia). Nessas críticas, apelam para a promessa republicana da soberania popular.

Na tradição de Jean Bodin e Jean-Jacques Rousseau, «o povo» é concebido como uma comunidade de pessoas livres e iguais dotadas de uma soberania inalienável. Nessa concepção de soberania popular, o poder legislativo emana diretamente dos cidadãos autônomos, não de seus representantes. Aqui é descrito um povo realmente presente, capaz de negociar e decidir sobre seu próprio destino. Isso requer processos políticos de formação da vontade comum que – como um ato de fundação constantemente renovado – são o que criam, de fato, a comunidade política. Assim, nessa tradição republicana, o povo não é necessariamente algo já dado: antes, ele é desenvolvido por meio do debate e da relação mútua e é constituído, acima de tudo, em um contrato social.[6]

---

6 No liberalismo, ao contrário, existe certo pragmatismo: o povo delega sua soberania aos representantes eleitos. Na Alemanha, conforme formulado em sua Constituição, a autoridade do povo é

No entanto, esse modelo de povo formado por seres humanos livres e iguais também foi, historicamente, uma ficção. Nunca *todas* as pessoas foram realmente consideradas livres e iguais. Ou, para dizer de forma mais clara: jamais todos os seres humanos foram considerados seres humanos. Embora os revolucionários franceses tivessem substituído com o povo soberano o lugar vazio deixado pelo monarca, infelizmente o esboço da sociedade democrática nunca foi tão inclusivo como fora afirmado. As mulheres e os chamados «estrangeiros» foram excluídos dos direitos civis com tal naturalidade que nem foi necessária nenhuma justificativa explícita. Nem o povo democrático nem a nação que procurava acertar contas com os privilégios das antigas instituições podiam se estabelecer sem recorrer a uma distinção do «outro».

Isso se reflete particularmente na linguagem em que são contadas essa ideia de povo soberano e a história do contrato social entre cidadãos livres e iguais: a ordem política é portanto descrita em termos de *corporalidade*. O que havia sido concebido como a vontade democrática de todos (isto é, de todos os indivíduos autônomos) se transforma inesperadamente na vontade do todo (isto é, de um coletivo indeterminado).[7] A unidade homogênea do todo surge a partir de uma multiplicidade de vozes e perspectivas singulares que devem, primeiro,

---

exercida apenas «por meio de eleições e votação e por órgãos especiais dos poderes legislativo, executivo e judiciário» (Lei Fundamental, artigo 20, parágrafo 2). Sobre a reformulação do termo «soberania popular» ampliado no plano teórico-discursivo ao conceito de formação democrática da vontade comum, cf. Jürgen Habermas, *Direito e democracia: entre facticidade e validade,* vol. II. Tradução de Flávio Beno Siebeneichler. Rio de Janeiro: Tempo Brasileiro, 1997, pp. 249-278.

7 Cf. «Das Imaginäre der Republik II: Der Körper der Nation», in: Albrecht Koschorke, Susanne Ludemann, Frank Thomas, Ethel Matala de Mazza, *Der fiktive Staat*. Frankfurt am Main: Fischer, 2007, pp. 219-233.

determinar e negociar posições e convicções comuns no intercâmbio mútuo. A metáfora da sociedade como *corpo* sugere associações que têm consequências políticas: um corpo é algo sólido e fechado. Um corpo está envolvido por uma pele que o delimita. Um corpo é suscetível a doenças causadas por germes e bactérias. Um corpo deve permanecer saudável e protegido de epidemias. Mas um corpo é, acima de tudo, um todo uniforme.

Essa biologização da linguagem política (e, com isso, também da imaginação política) promove e se entrelaça às ideias de higiene que são transferidas do contexto dos cuidados médicos com o corpo humano para a sociedade: assim, a diversidade cultural ou religiosa é vista como algo que poderia pôr em risco a saúde nacional do corpo de um povo homogêneo. Uma vez capturado nesse esquema biopolítico de percepção, o medo do contágio pelo «estrangeiro», pelo diferente, se espalha rapidamente. Cada diferença não apenas permanece diferente, mas afeta e contamina o corpo saudável e homogêneo da nação. Com essa figura de pensamento surge uma identidade hipocondríaca contumaz, pois ela sempre tem medo de se infectar com outras práticas e crenças. Como se toda alteridade e qualquer desvio de uma norma nacional, independentemente de como ela seja definida, fossem transmitidos epidemicamente como uma infecção respiratória, por assim dizer, por perdigotos culturais ou religiosos. Se qualquer contato com outros corpos tem de ser imediatamente temido como uma ameaça e portanto evitado, isso não diz muito a favor de um «sistema imunológico cultural» particularmente intacto (para continuar com a metáfora). A fantasia biopolítica do povo como um corpo que deve permanecer saudável promove o medo diante da menor diferença.

Isso explica por que, atualmente, um vestuário religioso na cabeça, seja quipá ou véu, já deixa algumas pessoas inseguras sobre o modo como elas enxergam a si mesmas. Como se a mera visão do véu (um *hijab*) de uma muçulmana ou da quipá de um judeu levasse os crentes cristãos a se desfazerem da qualidade de cristãos. Como se essas vestimentas se movessem da cabeça de quem as porta para a de quem as olha. Seria até divertido se não fosse tão absurdo. Enquanto uma linha de argumentação contra o véu ainda afirma que ele, por si só, oprime a mulher (e, com isso, presume que ninguém possa querer usá-lo voluntariamente) e que, portanto, deveria ser proibido, outras pessoas veem a *si próprias* e a sociedade secular ameaçadas pelo véu.[8] Como se o pedaço de pano não pesasse apenas sobre aqueles que o usam, mas também sobre os que o olham de longe. Com isso, ambas as objeções falham em reconhecer que a suposta opressão não pode vir do lenço na cabeça em si, mas das pessoas ou estruturas que pressionam uma mulher, impondo-lhe determinada prática contra seu desejo. Nesse sentido, ambos os argumentos compartilham um caráter impositivo: em um caso, trata-se da ordem de usar o véu, formulada em um ambiente religioso e patriarcal, e em outro, da ordem de *não* usá-lo, típica de um ambiente paternalista e antirreligioso.

Uma sociedade secular que garanta o direito à liberdade religiosa e, ao mesmo tempo, queira proteger e promover os direitos de meninas e mulheres deveria antes de tudo levar a sério a autodeterminação delas. Isso implica reconhecer que pode haver mulheres que *desejam* levar uma vida devota (independentemente da sua forma) ou *desejam* adotar determinada prática. No caso do véu, não compete a ninguém qualificar esse desejo *per se* como irracional, antidemocrático, absurdo ou impossível. Esse desejo merece o mesmo respeito e proteção que o desejo de se manifestar *contra* tal concepção

....

8 Discuto com mais detalhes essa questão do véu em: Carolin Emcke, *Kollektive Identitäten*. Frankfurt am Main: Campus, 2000, pp. 280-285.

de religiosidade (ou de prática) ou ainda, porventura, contra o próprio conceito de família religiosa e tradicional. Nas sociedades liberais europeias, os direitos subjetivos das decisões e dos projetos de vida deveriam merecer a mesma consideração. Por outro lado, cobrir o rosto com um véu durante o serviço público é um pouco mais complicado, pois nesse caso os direitos fundamentais do indivíduo à liberdade de consciência e crença, de escolher sua religião, de praticar e professar sua fé, garantidos nas seções 1 e 2 do artigo 4 da Constituição Alemã,[9] colidem com a obrigação do Estado de manter a neutralidade religiosa e ideológica. Essa questão, no entanto, não difere daquela suscitada pelo uso de um pingente com a cruz cristã em sala de aula.[10]

Mas, para além disso, por que será que adornos na cabeça deixam algumas pessoas tão nervosas? Afinal, esses símbolos culturais ou religiosos apenas indicam que também existem pessoas com outras crenças. É por isso que eles incomodam tanto? Seria porque a diversidade é mais difícil de negar quando ela se torna visível publicamente? Enquanto aqueles que desviam da norma imposta pela nação já não existem apenas em segredo e em silêncio, mas se tornam visíveis e audíveis na vida cotidiana – quando aparecem em filmes (não como um tema especial a ser problematizado, mas de modo natural no papel de protagonistas ou mesmo como personagens secundários), quando mencionados em livros didáticos como *um* exemplo de *uma única* forma de crença, de amor e de aparência, quando outros tipos de banheiros são instalados para mostrar que as

---

9 Direitos semelhantes também são garantidos pela Constituição brasileira de 1988, particularmente em seu Artigo 5º, Inciso VI: «é inviolável a liberdade de consciência e de crença, sendo assegurado o livre exercício dos cultos religiosos e garantida, na forma da lei, a proteção aos locais de culto e a suas liturgias». [N. do T.]

10 Carolin Emcke, *Kollektive Identitäten*, op. cit.

construções válidas até aquele momento não eram generalizáveis (já que nem todo mundo gostava de usá-los) –, então a fantasia de um povo como um único corpo permanece não ameaçada. A diversidade normal de uma sociedade moderna emerge somente da invisibilidade à sombra da norma.

Uma questão completamente diferente é quando as violações dos direitos humanos são transfiguradas como práticas supostamente religiosas. Nesses tipos de conflitos, o estado de direito deve fazer valer os direitos dos indivíduos contra as reivindicações de um coletivo religioso ou mesmo contra a família das pessoas afetadas: no caso da terrível prática de ablação do clitóris ou casamentos com crianças, a intervenção do Estado em nome da Constituição não é apenas legal, mas também necessária. Um direito cultural consuetudinário não pode e não deve anular os direitos humanos.

Os atores políticos e sociais que na atualidade apelam ao «povo» e à «nação» na Europa fazem expressamente um uso muito tacanho desse conceito: o «povo» não é apreendido como *demos*, mas principalmente como *ethnos*, ou seja, como membros de um clã com origem, idioma e cultura (supostamente) comuns. Aqueles partidos e movimentos que sonham com um povo *homogêneo* ou com uma nação *homogênea* querem, sem mais nem menos, «desfazer»[11] a ideia de uma comunidade de direito (supranacional ou nacional) formada por pessoas livres e iguais. Não querem ver a sociedade unida por eixos horizontais, mas verticais: as origens étnicas e religiosas devem determinar quem pertence ao «nós» – não o agir comum, nem a referência comum a uma constituição, muito menos os processos abertos de uma democracia deliberativa. O direito de fazer parte é herdado. E aqueles que não puderam

---

11 De acordo com a formulação perspicaz de Gustav Seibt em: <www.sueddeutsche.de/kultur/alternative-fuer-deutschland-sprengstoff-1.2978532>.

herdá-lo porque seus próprios pais ou avós haviam imigrado há pouco tempo são obrigados a trabalhar pesado, a assumir determinados credos e a se adaptar a normas que não se aplicam – ou, pelo menos, não da mesma forma – a outros.

Raramente justificam por que uma cultura ou nação homogênea deveria ser *fundamentalmente* melhor para um Estado moderno do que uma heterogênea. Portanto, seria interessante analisar se o crescimento econômico é maior em uma sociedade com uma única religião, se uma sociedade culturalmente uniforme supera com mais facilidade as crises ecológicas, se produz menos injustiça social entre aqueles que fazem parte dela, se ela se revela como ordem política estável ou se seus membros se respeitam mais de modo recíproco. Os argumentos a favor seriam, sim, importantes, porque a «justificativa» de um nós homogêneo é, pelo contrário, frequentemente tautológica: uma nação homogênea é melhor porque é homogênea.[12] Às vezes também se argumenta que a própria maioria logo se tornaria uma minoria e que a exclusão do outro é, por assim dizer, apenas um trabalho preventivo de natureza cultural e religiosa. Os slogans do Partido Nacional Democrático da Alemanha (NPD) e, mais recentemente, da Alternativa para Alemanha (AfD), além de outros como o UKIP na Inglaterra ou o Rassemblement National na França, trabalham com este cenário: o país simplesmente não se tornaria apenas dinâmico e heterogêneo, mas seria «reduzido», «oprimido» e «substituído» por aqueles que, com base em conceitos biologicamente determinísticos e racistas, são classificados como os

---

12 Por outro lado, existem vários estudos sobre os benefícios da diversidade cultural, não apenas do ponto de vista político ou democrático, mas também do ponto de vista econômico. Cf.: <www.nber.org/papers/w17640>. Ou ainda: <www.americanprogress.org/issues/labor/news/2012/07/12/11900/the-top-10-economic-facts-of-diversity-in-the-workplace/>.

«outros». Contudo, aí não há ainda um argumento sequer sobre *por que* a homogeneidade deveria ser tão importante. Limita-se em imputar aos supostos «outros» o próprio desprezo pelo hibridismo e pela diversidade.

O mais curioso nessa ideia de uma nação religiosa ou culturalmente homogênea em um Estado moderno, da maneira como está sendo reivindicada nos dias de hoje, é o quão a-histórica e contrafactual ela é. Quando foi a última vez que a protocélula supostamente homogênea de uma nação na qual todos são «nativos», na qual não há imigrantes, multilinguismo, nem diversidade de costumes ou tradições, nem pluralidade religiosa aconteceu em um Estado-nação? Onde? Essa uniformidade orgânica que se atribui à «nação» é uma construção extremamente poderosa, mas fantasiosa.[13] Tudo o que é desejado e celebrado como nação dificilmente corresponde a uma comunidade existente, antes é sempre a fabricação da imagem de uma nação e a subsequente aproximação (e transformação) de uma sociedade a essa imagem. Nesse sentido, não há original, mas tudo se resume à decisão de inventar um suposto original com o qual se concorda e que deve ser imitado.

---

13 Por exemplo, para Marine Le Pen, do partido Rassemblement National (antigo Front National), a França «original» ou «autêntica» está situada pelo menos antes de sua adesão histórica à União Europeia, possivelmente antes também da época de Charles de Gaulle. A França não é a França enquanto fizer parte da UE (ou da OTAN). Por sua vez, Marine Le Pen situa a França «verdadeira», acima de tudo, naqueles tempos históricos em que não havia franceses muçulmanos. Quando Le Pen critica a diversidade cultural e religiosa na França contemporânea, ela gosta de presumir que houve um dia em que existiu uma nação francesa realmente homogênea com uma identidade uniforme – independentemente de como isso seja definido. É por isso que a ascendência, para Le Pen, é um elemento crucial para o direito à cidadania francesa e não, como estabelecido pela Lei da V República, o local de nascimento.

Todas as comunidades para além das vilas dos povos arcaicos não são mais do que «comunidades imaginadas», como Benedict Anderson explicou em seu conhecido livro homônimo. O que os membros de qualquer nação moderna compartilham de fato não é tanto um conjunto de referências étnicas ou culturais (como idioma, origem ou religião), mas a fantasia de pertencer à mesma comunidade. «Ela é *imaginada* porque mesmo os membros da mais minúscula das nações jamais conhecerão, encontrarão ou nem sequer ouvirão falar da maioria de seus companheiros, embora todos tenham em mente a imagem viva da comunhão entre eles.»[14]

Os partidos nacional-conservadores e nacionalistas na Europa, por outro lado, defendem a *univocidade* da própria tradição que tem de retificar tudo que, na sua própria história, faz referência a qualquer forma de ruptura, ambivalência ou diversidade. Essa é uma das razões pelas quais os atores políticos com uma agenda nacionalista na Europa estão particularmente interessados em institutos históricos, museus, fundações culturais, instituições educacionais e livros didáticos de seus países, pois se sentem desconfortáveis com quaisquer vozes e perspectivas que contradigam sua construção de uma nação ou de um povo homogêneos. Nesse ponto, não surpreende que o partido atualmente no poder na Polônia, o PiS, dê tanta importância a festividades como o Aniversário da Cristianização da Polônia ou que na Hungria se tente não apenas restringir o trabalho da mídia independente por meio de leis, mas também se opte durante a distribuição de cargos em instituições culturais, como os teatros, principalmente por aqueles candidatos que não questionam a narrativa neonacionalista com suas produções artísticas. Em seu programa

---

14 Benedict Anderson, *Comunidades imaginadas: Reflexões sobre a origem e a difusão do nacionalismo*. Tradução de Denise Bottman. São Paulo: Companhia das Letras, 2008, p. 32.

partidário, o AfD também se refere a instituições culturais explicitamente como instrumentos de um conceito substancialmente carregado de identidade nacional.

Mas essa homogeneidade do povo alemão ou da nação alemã com a qual o AfD ou o PEGIDA se sentem comprometidos não existe. Ela só pode ser criada excluindo todos aqueles declarados supostamente como «não alemães» ou «não ocidentais». Então vários «chibôletes» são usados para traçar linhas divisórias que devem separar os alemães «autênticos» dos «inautênticos». Nada é insignificante demais ou absurdo demais para esse propósito. Em uma manifestação do PEGIDA em Dresden, um participante caminhou pelas ruas com um bastão coroado com um pequeno leitão de brinquedo rosa. Outro usava um gorro de lã em forma de cabeça de porco. Um porquinho como o estandarte do Ocidente? É a isso que a ambição ideológico-cultural se reduz? Não tenho nada contra suínos, mas, se o consumo de carne de porco é realmente uma característica distintiva da identidade ocidental, então a preocupação com o Ocidente é mesmo adequada. Entretanto, sair carregando leitõezinhos de brinquedo de um lado para o outro em manifestações é um exemplo inofensivo: nos últimos meses, em muitos lugares na Alemanha onde há uma mesquita, ou onde está prevista a construção de uma, foram depositadas cabeças de porcos de verdade. Com isso, esse novo fetiche pela carne de porco não é apenas um «chibôlet» usado para intimidar e insultar os muçulmanos, mas é também claramente um topos tradicional do antissemitismo.

O episódio envolvendo os rostos dos jogadores da seleção alemã de futebol reproduzidos nas embalagens dos chocolates Kinder, ocorrido em maio de 2016, pode ilustrar ainda melhor o tipo de nação racista que esses movimentos imaginam: uma nação que só quer se ver refletida como uma comunidade de brancos e cristãos.[15] Nas semanas que antecederam o Campeonato Europeu de Futebol realizado na França, a empresa Ferrero decidiu reproduzir nas embalagens do seu chocolate Kinder, no lugar do conhecido garoto loiro, as fotos dos jogadores da seleção alemã quando crianças – entre eles as de Ilkay Gündoğan, Sami Khedira e Jérôme Boateng. Essa campanha provocou o protesto de uma filial do PEGIDA sediada no estado de Baden-Württemberg. De acordo com eles, em uma peça publicitária, os alemães negros deveriam ser tão invisíveis quanto os alemães muçulmanos, pois distorceriam a imagem construída de uma nação homogênea, de um povo «puro».

Essa aversão a uma sociedade heterogênea, a um povo constituído por cidadãs e cidadãos livres e iguais que compartilham uma constituição e uma prática democrática, não é expressa apenas por atores políticos ligados ao PEGIDA ou ao AfD. Também a frase proferida e novamente esquecida pelo vice-presidente da AfD, Alexander Gauland (ou pelo menos atribuída a ele), na qual afirmou que «as pessoas» apreciam o jogador de futebol Boateng, mas não gostariam de «tê-lo como vizinho» (frase que, aliás, não «ofendeu» Boateng, como foi sugerido, até porque nada sobre ele é dito nessa sentença, mas sim sobre as chamadas «pessoas» que foram acusadas de rejeitar um vizinho negro), de maneira alguma descreve incorretamente o racismo cotidiano na Alemanha, o que pode ser demonstrado empiricamente e quantificado em vários estudos.[16] Em uma pesquisa representativa (embora um pouco antiga), 26% dos entrevistados concordaram com a afirmação «pessoas com tons escuros de pele não se

---

15 <http://www.spiegel.de/panorama/gesellschaft/pegida-anhaenger-hetzen-gegen-nationalspieler-auf-kinderschokolade-a-1093985.html>.

16 <https://www.antidiskriminierungsstelle.de/SharedDocs/Downloads/DE/projekte/forschungsprojekt_diskriminierung_im_alltag.html>.

encaixam na Alemanha». Nesse sentido, a frase de Alexander Gauland poderia muito bem ter servido como uma análise crítica dessa mentalidade racista. Mas isso não pode ser lido da citação praticamente descontextualizada. Por outro lado, contudo, pode-se supor que Alexander Gauland estava menos preocupado em questionar ressentimentos e preconceitos do que em protegê-los e legitimá-los como preocupações que aparentemente deveriam ser levadas a sério.

Alguns dias depois, no semanário *Der Spiegel*, Alexander Gauland comentou uma viagem a Meca feita pelo jogador muçulmano Mesut Özil. «Como o futebol não me interessa, não me importo para onde o senhor Özil está indo. Mas, no caso de funcionários públicos, professores, políticos e tomadores de decisão, eu faria a seguinte pergunta: para alguém que viaja a Meca, a democracia alemã é o lugar certo?» A pedido de explicações, o vice-presidente do partido AfD esclarece sua posição: «E eu não tenho o direito de perguntar onde está a lealdade dessa pessoa? Na Constituição alemã? Ou é no Islã, que é um Islã político? E, quando peregrina para a Caaba, ele quer demonstrar sua proximidade a esse Islã político? Entretanto, para mim, jogadores de futebol como o senhor Özil não são tomadores de decisão».[17]

Antes de tudo, é surpreendente a frequência com que Alexander Gauland enfatiza que ele não está interessado em futebol. Isso é legítimo, mas não tem nenhuma relevância para seu argumento. Se, como Gauland insinuou, o Islã e a democracia são incompatíveis, todo muçulmano praticante, independentemente de ser jogador de futebol ou juiz de um Tribunal Superior, deveria ser igualmente problemático. A propósito, tendo em vista o grau

---

17 «Boateng will jeder haben» [Todo mundo quer Boateng], entrevista com Alexander Gauland. *Der Spiegel*, 23, 2016, p. 37.

de celebridade de um atleta da seleção alemã, o senhor Gauland deveria se preocupar mais com a influência de um futebolista do que com a de um funcionário público, mas tudo bem. O problema com a posição de Gauland é que ela não questiona a lealdade de Mesut Özil, mas a sua própria. Porque são as declarações de Gauland que não estão de acordo com a Constituição alemã. Todos os cidadãos podem praticar livremente sua religião, e isso inclui peregrinações, como a Santiago de Compostela ou a Meca. Alexander Gauland também está ciente disso. É por essa razão que ele, concomitantemente, tem de duvidar que os muçulmanos pertençam a uma comunidade religiosa, sim, ele tem de negar que o Islã seja uma religião. Como «prova» de sua tese, Gauland cita precisamente as palavras do aiatolá Khomeini quando este afirmou que o Islã é político. É mais ou menos como se Andreas Baader, cofundador da Fração do Exército Vermelho (em alemão, *Rote Armee Fraktion* ou RAF), fosse citado como fonte para uma definição correta de democracia. Não é a lealdade de Mesut Özil à Constituição que está em jogo, mas a de Alexander Gauland. Mesut Özil não duvida que um cristão praticante ou mesmo quem não acredita em nada possa viver em uma democracia secular e gozar dos mesmos direitos e da mesma proteção do Estado. Mesut Özil pratica sua religião sem desqualificar as crenças e os costumes religiosos de outras pessoas rotulando-as de desleais ou antidemocráticas.

Por fim, o debate ficou particularmente bobo quando Frauke Petry, então líder da AfD, censurou Mesut Özil de tornar sua peregrinação pública por meio de uma foto no Twitter (como se uma crença fosse algo que só pudesse ser vivido em segredo) e depois o acusou de não viver «de acordo com as regras da xaria» porque as mulheres ao seu lado não usavam véu. Não está claro do que Mesut Özil está sendo realmente acusado: de ser um muçulmano praticante ou de não ser um muçulmano praticante? De qualquer forma, fica evidente que o AfD não quer apenas definir qual o sentido de democracia (contrariamente às disposições constitucionais), mas também o que significa ser um muçulmano. E, aparentemente, apenas um islâmico fundamentalista corresponde ao conceito de muçulmano do AfD. Um ser humano crente de mente aberta e tolerante que, como a maioria dos crentes de outras religiões, cumpre certos preceitos, obedece a algumas regras às vezes sim, mas às vezes não, e ainda considera outras simplesmente antiquadas ou impraticáveis, para Frauke Petry, esse não pode ser muçulmano.

Original / Natural

Ninguém lhe diz que é por causa de você ser o que é.
Cato, Sasha Marianna Salzmann, *Meteoriten*

A suposta superioridade de um «nós» também é frequentemente incorporada a uma narrativa que defende um mito fundador: as próprias crenças ou identidade seriam melhores, mais importantes, mais valiosas do que outras porque poderiam se reportar a algum tipo de ideologia original ou ordem natural. Em geral, é contada uma história reacionária sobre a tradição familiar ou sobre o próprio modo de vida. Antigamente, quando a sociedade era «pura», quando todos supostamente compartilhavam os mesmos valores, quando as mesmas convenções prevaleciam, nesse passado imaginado tudo era «mais verdadeiro», «mais autêntico», «mais correto». Diante desse pano de fundo, o presente é muitas vezes descrito como «degradado», «corrompido» ou «doente». Indivíduos, ações ou posições individuais são valorados na medida em que correspondem, da forma mais «autêntica» possível, aos ideais defendidos como originais.

O chibôlet empregado aqui para degradar as pessoas marca certas características individuais, corpos ou formas inteiras de vida como «antinaturais» ou «falsos». Isso significa que algo (uma pessoa, um conceito, uma ordem) não é mais como costumava ser. Algo mudou. Algo não permaneceu fiel ao que era «originalmente». Algo não é mais como havia sido previsto ou pretendido pela natureza. Algo questiona a ordem natural e social. Dependendo do contexto político ou ideológico, a crítica ao «antinatural» ou ao «não original» está associada à acusação de «ocidentalização», «degradação da verdadeira fé», «doença da modernização», «pecaminosidade» ou «perversão».[18]

---

18 As técnicas de exclusão ou difamação incluem sobretudo – e isso deve ser enfatizado mais uma vez nesta seção do livro – conceitos usados para descrever pessoas. Para muitos que lidam com o problema da exclusão no campo científico e do ativismo político, o debate político-linguístico em torno de termos apropriados e mais inclusivos é de importância vital. Categorias supostamente «óbvias», como «masculino / feminino», também apresentam um problema ético e linguístico, uma vez que apenas reproduzem classificações e oposições binárias que, em teoria, deveriam estar sujeitas a reflexão crítica. Entretanto, existe uma enorme diversidade de variantes e sugestões linguísticas que buscam termos ou grafias mais apropriados (existe, assim, a estratégia de tornar visíveis todos os gêneros sexuais envolvidos, o que pode ser indicado por grafias diferentes, por meio da introdução de uma dupla marca de gênero, seja usando uma barra inclinada ou, no português brasileiro, introduzindo um x no lugar das vogais indicativas de gênero; mas há também a estratégia de neutralização, na qual qualquer reconhecimento de gênero e a norma da dualidade de gênero são evitadas). O que eu também gostaria de enfatizar é que, conforme usadas neste texto, as categorias «masculino / feminino» não constituem um fato objetivo ou algo dado, mas sempre aludem a formas constituídas em determinado contexto cultural e histórico. Esta seção trata precisamente da questão controversa de quem e com que direito é ou pode ser descrito como «masculino» ou «feminino» em determinado contexto. Espero que as formulações e os termos que utilizo sejam respeitosos e

A retórica do «natural» e do «original» é com frequência manifestada pelos mesmos referentes: a questão do que é considerado «verdadeiramente» masculino ou «verdadeiramente» feminino e o que deve ser observado quando se fala de pessoas trans ou pessoas intersexuais; o que é considerado uma sexualidade «natural» e como respeitar as pessoas gays, lésbicas, bissexuais ou *queers*; e, não menos importante, o que é considerado uma família «verdadeira» e como reconhecer todas as famílias que existem além da constelação tradicional heterossexual pai-mãe-filho.[19]

O recurso à «naturalidade» do gênero é, por motivos diversos, tanto historicamente eficaz quanto significativo e influente. A concepção de uma constituição «natural» dos sexos é transmitida pela imaginação cristã e está ligada à ideia de uma intenção divina. Assim, para aqueles que foram criados naturalmente por Deus, há um valor especial que os torna intocáveis. O gênero «natural» ou «original» não pode e não deve ser pensado como outra coisa senão a norma que define a «normalidade». De acordo com essa lógica, qualquer outra coisa ou qualquer tipo de variação é desqualificado por ser «não natural», «doente», «não pretendido» por Deus e, portanto, «indesejado».

Uma das estratégias contra a tão sacralizada «normalidade» dos sexos constitui-se em desmascarar a afirmação da naturalidade do gênero como uma posição ideológica.[20] Em vez disso, enfatiza-se

---

compreensíveis ao mesmo tempo.

19 Quero agradecer a Tucké Royale e Maria Sabine Augstein pela paciência com que responderam às minhas perguntas, pela abertura com a qual me confiaram assuntos pessoais e pelas críticas bem fundamentadas e construtivas. Naturalmente, a responsabilidade pelos erros ou incongruências desta seção é exclusivamente minha.

20 Para saber mais sobre o surgimento do corpo sexuado, confira os estudos históricos de: Claudia

a importância das dimensões social e simbólica na formação do gênero. E um desejável espaço de ação político e normativo surge a partir da argumentação da construtividade de gênero: isto é, se o gênero, como «masculinidade» ou «feminilidade», não é simplesmente um fato fisiológico inato, mas o resultado de acordos sociais e políticos que determinam diferentes modos de existência, então nenhuma «normalidade» basilar ou valor fundamental podem ser derivados dele.

Contudo, não será abordada aqui a questão de saber se o gênero de uma pessoa deve ser concebido como algo dado «naturalmente» ou construído socialmente. Também ignoro a questão de saber se a família nuclear heterossexual de fato se apresenta como historicamente «mais original» do que outras formas de relacionamento ou modos de vida, ou mesmo se ela não passa de mera ficção. São debates tão importantes quanto complexos que eu só poderia reconstruir aqui de maneira incompleta. Neste momento, estou tratando de outra linha de argumento. O que me interessa é o que a naturalidade (ou originariedade) de um corpo, de um desejo, de um modo de vida tem a ver com o *reconhecimento social ou legal*. Em outras palavras, no que é que, de fato, aqueles que creem nas categorias de «naturalidade» e «originariedade» acreditam exatamente? Por que é que, na modernidade esclarecida e pós-metafísica, algum direito ou status superior teria de ser deduzido do mero fato de que algo de certa maneira apareceu no mundo pela primeira vez?

Honegger, *Die Ordnung der Geschlechter*. Frankfurt am Main: Campus, 1991; Thomas Laqueur, *Inventando o sexo: corpo e gênero dos gregos a Freud*. Tradução de Vera Whately. Rio de Janeiro: Relume Dumará, 2001; e Barbara Doubt, *Geschichte unter der Haut*. Stuttgart: Klett-Cotta, 1991. Para aprofundar a ideia de gênero como modo de existência sociocultural, cf.: Andrea Maihofer, *Geschlecht als Existenzweise*. Frankfurt am Main: Ulrike Helmer, 1995.

Como a legitimação do poder se liga a determinada ideia de ordem original e natural?[21] Por que algo, em um Estado secular, deveria valer mais ou menos, merecer mais ou menos reconhecimento, apenas porque deveria ter sido assim há 2 mil (ou mesmo há apenas vinte) anos? A Constituição realmente estabelece que a natureza, por si só, possui um significado normativo? Em uma era dos ciborgues, das impressoras 3D, das inovações biogenéticas e sintéticas, da medicina reprodutiva, do Antropoceno, que tipo de conceito de naturalidade é esse que ainda deveria existir e que se vincula a direitos legais? Por que um corpo modificado ou indefinido deveria ter menos dignidade, menos beleza ou menos reconhecimento?

Uma pessoa trans é alguém cujo conjunto de características externas e inatas de gênero, cromossomos e hormônios não correspondem ao que essa pessoa sente. Isso seria uma definição possível. Outra seria: uma pessoa trans é alguém cuja atribuição de gênero não corresponde ao que ela sente. Na primeira definição, as características corporais congênitas (ou os cromossomos e os hormônios) são relevantes. Na segunda, a relação entre traços físicos e a atribuição de gênero é considerada questionável ou contingente sob o ponto de vista histórico.[22]

Para aqueles que se sentem bem e confortáveis no corpo com o qual nasceram e com a identidade de gênero que lhes foi designada, isso pode ser

....

21 Sobre a questão de «como a diferença pode ser pensada em relação às conexões de poder e dominação», veja «Quaestio», in: Nico J. Beger, Sabine Hark, Antke Engel, Corinna Genschel e Eva Schafer (Org.), *Queering Demokratie*. Berlim: Querverlag, 2000.

22 Para saber mais sobre a segunda definição, cf.: Stefan Hirschauer, *Die soziale Konstruktion der Transsexualität. Über die Medizin und den Geschlechtswechsel*. Frankfurt am Main: Suhrkamp, 1993/2015.

difícil de conceber. Basta ouvir a palavra «trans» ou ver um asterisco «*» ou uma sublinha «_» para desviar o rosto ou parar de ler, como se fenômenos ou pessoas mais incomuns não merecessem atenção ou estima. Como se sua própria empatia não fosse ou não devesse ser suficiente. Muito embora seja natural que muitos desejem compreender e simpatizar com as histórias de personagens bastante insólitos do mundo de Shakespeare, das óperas de Handel ou mesmo dos mangás. Afinal, ser incomum não significa ser esquisito ou monstruoso. Incomum significa apenas isso: incomum. Possivelmente são só pessoas sobre as quais raramente se contam histórias. E, às vezes, são nos anseios e nas lutas pelo reconhecimento das pessoas com características e experiências especiais e incomuns que a vulnerabilidade se reflete como a própria *condition humaine*. E, assim, é precisamente nessa vulnerabilidade das pessoas trans, na sua busca por visibilidade e reconhecimento, que se mostra aquela dependência mútua que nos caracteriza de maneira geral *como seres humanos*. Nesse sentido, a situação das pessoas trans nos afeta e concerne a todos. Não apenas àqueles que vivem e se sentem como eles. Os direitos das pessoas trans são tão importantes quanto todos os direitos humanos; e justificá-los e defendê-los é o que se espera de um pensamento universalista.

Em certa medida, é provável que muitas pessoas conheçam esta sensação pelos mais diversos motivos: a de não poder se identificar com todos os atributos ou características de si mesmo. De se sentir internamente diferente do que os outros veem, esperam ou permitem. A sensação de que as expectativas e atribuições impostas de fora limitam as suas próprias possibilidades. Agora, no caso de pessoas trans, essa discrepância entre a certeza interior e as exigências externas ou o papel desempenhado está relacionada à identidade de gênero. Uma pessoa vive no corpo de uma mulher, mas se sente como um homem, ou vive no corpo de um homem e se vê como uma mulher.[23] Uma pessoa sente o ímpeto, a necessidade ou a certeza de querer (ou ter de) viver como outra de um gênero diferente daquele atribuído a ela. Uma pessoa carrega determinado nome de nascença e, no entanto, sabe que esse nome não corresponde a quem realmente é ou à pessoa que realmente deseja ser.

Eu penso nisso como uma variante extrema daquela irritação que nós temos quando trocam nosso nome ou o pronunciam de forma errada: sempre temos um sobressalto. Uma evocação ou interpelação equivocada pode gerar, de fato, uma irritação física – independentemente de ter sido por descuido ou de propósito.[24] Algo grita dentro de nós para corrigir imediatamente o que estava errado. Uma simples denominação carinhosa ou um apelido que não nos agrada ou que não corresponde a nós já é o suficiente. Deseja-se rejeitá-lo com um meio sorriso, mesmo que tenha sido usado de maneira afetuosa e bem-intencionada. Mais dolorosos são os xingamentos, ataques verbais e insultos que alguém recebe tanto na rua quanto nas redes sociais. Nessas palavras que machucam pode-se ler a relação peculiar entre nome e realidade, entre conhecimento e poder.[25] Um nome também sempre

---

23 Para descrever isso de maneira um pouco mais precisa e talvez mais surpreendente: existem até mesmo pessoas trans que basicamente não percebem seus traços inatos de gênero como «errados» ou «incômodos». Podem até achá-los bonitos e adequados. O que essas pessoas não acham apropriado é a interpretação desses traços como «inequivocamente femininos» ou «inequivocamente masculinos».

24 Cf. ainda: Andrea Allerkamp, *Anruf, Adresse, Appell. Figuration der Kommunikation in Philosophie und Literatur*. Bielefeld: transcript, 2005, pp. 31-41.

25 Mari J. Matsuda, Charles Lawrence III, Richard Delgado, Kimberlè Williamns Crenshaw (Org.), *Words that Wound. Critical Race Theory, Assaultive Speech, and the First Amendment*. Boulder (Colorado): Westview Press, 1993, p. 5.

confirma uma existência social. A maneira como sou interpelada também determina minha situação no mundo. Se me são constantemente relacionadas palavras pesadas ou ofensivas, isso desloca minha posição social.[26]

Assim, para as pessoas trans, o nome de nascimento, que sempre as remete a uma identidade de gênero que não corresponde a elas, é uma permanente deturpação social. Elas têm de responder a um nome que nega e questiona o que vivenciam. Na vida cotidiana, são chamadas repetidamente pelo nome (masculino ou feminino) consignado em documentos oficiais, o que as obriga a pertencer a um gênero indesejado. Piores e ainda mais humilhantes são as experiências nos postos de fronteira, quando as autoridades separam e interrogam pessoas trans (e até as submetem a exames físicos). Por isso, para muitas delas é vital conseguir uma mudança em relação aos direitos relacionados à sua identidade e condição (seja o nome ou a menção ao sexo no registro civil).

Para um público mais amplo, a última a estampar a imagem de um *tornar-se mulher* ou de uma mulher trans foi principalmente Caitlyn Jenner, que havia realizado sua redesignação sexual por meio de uma cirurgia e, acima de tudo, apareceu na capa da revista *Vanity Fair* (com fotos de Annie Leibovitz) encenando a marca da «mais perfeita» feminilidade possível. Associada a Caitlyn Jenner, ou melhor, às suas fotos, está a ideia de que o objetivo de toda pessoa trans é a mudança de sexo – de homem para mulher (ou de mulher para homem) – da forma mais perfeita possível do ponto de vista estético. Nessa leitura, uma pessoa trans não subverteria os

---

26 «Ser ferido pelo discurso significa sofrer uma perda de contexto, isto é, não saber onde se está» [*To be injured by speech is to suffer a loss of context, that is, not to know where you are*], escreve Judith Butler em *Excitable Speech: A Politics of the Performative*. Nova York/Londres: Routledge, 1997, p. 4.

papéis dominantes na sociedade, mas reforçaria os códigos de masculinidade e feminilidade existentes. Para além das possibilidades econômicas, da fama da pessoa e da consequente atenção midiática, o caso de Caitlyn Jenner não é de forma alguma representativo. E isso não deve diminuir o respeito que ela merece por sua coragem. Mas, para muitas pessoas trans, a visibilidade e a aceitação públicas são muito mais difíceis de alcançar devido à sua classe social, à cor de sua pele ou à marginalização social. Mesmo que um exemplo particularmente espetacular de um tornar-se mulher ou de mulher trans tenha se tornado visível com Caitlyn Jenner, a realidade da vida da maioria das pessoas trans não é de modo algum tão fascinante. Nos Estados Unidos, a taxa de desemprego de pessoas trans foi de 14% em 2013 (o dobro da média americana geral); 15% delas tinham uma renda anual inferior a 10 mil dólares (em comparação aos 4% da população total).[27]

Mas, acima de tudo, não existe apenas uma forma de viver como pessoa transgênero. Há uma enorme variedade de pessoas trans, de experiências e práticas performativas de apresentação e expressão de si mesmo. Algumas pessoas trans assimilam os respectivos «chibôletes» que valem como o modelo masculino ou feminino, outras brincam com eles e os subvertem. Os códigos para masculino e feminino são reciclados ou satirizados, endossados ou ignorados, em modos de falar ou de cantar, por *drag queens* ou por meio do *voguing*, na forma de dançar ou se vestir, com *packers* ou *binders*,[28] com cos-

....

27 Esses números foram extraídos de: Jacqueline Rose, «Who do you think you are?». *London Review of Books*, vol. 38, n. 9, 2 maio 2016. Disponível em: <www.lrb.co.uk/v38/n09/jacqueline-rose/who-do-you-think-you-are>.

28 O termo em inglês «packers» refere-se a diferentes tipos de próteses penianas. «Binders» são acessórios que permitem comprimir os seios para torná-los

méticos, barbas, perucas, depilações – ou mesmo sem nada. Alguns lutam com todos os meios para pronunciar ou imitar o «*chi*» do «chibôlet», outros transformam completamente essa contrassenha por meio de processos de *re-iteração*, alterando também os mecanismos de exclusão e inclusão.

O desejo individual de adequar a atribuição oficial de gênero à convicção interior e à identidade de gênero vivenciada pode assumir formas bem distintas. Algumas pessoas rejeitam as categorias de gênero porque não lhes convêm ou porque as consideram fundamentalmente questionáveis. Outras querem ser legal e socialmente reconhecidas na identidade de gênero que vivenciam, sem precisar se submeter a uma cirurgia. Já outras querem que todos os traços primários e secundários que compõem o seu gênero correspondam ao que sentem. Existem diferentes maneiras de *transição* para quem quer mudar ou ajustar sua identidade de gênero: seja por ingestão de hormônios ou por intervenções cirúrgicas, isso também é variado. *Trans* pode significar «de H para M» (ou de «M para H»), mas também pode significar entre «H e M» ou «nem H nem M». E isso pode significar que as categorias binárias «H» e «M» são inadequadas ou simplesmente insuficientes. Algumas pessoas não querem ser empurradas para uma identidade de gênero «inequívoca» ou para um corpo «inequívoco» dentro dessas duas categorias e decidem habitar outro espaço.[29]

---

menos visíveis a outras pessoas. Agradeço a Laura Méritt por compartilhar seus conhecimentos de maneira tão generosa e bem-humorada.

29 A propósito, esse desejo de ajustar a atribuição oficial de gênero ou ainda o corpo à convicção interior não tem nada a ver com a questão da orientação sexual. A transexualidade, como a escritora e ativista Jennifer Finney Boylan descreveu uma vez, não diz respeito a «com quem você quer ir para a cama, mas como quem você quer ir para a cama» [it is not about who you want to go to bed with, it's who you want to go to bed as]. Citado em

Também entre as pessoas trans é muito controverso estabelecer o significado normativo ou político das diferentes formas de *transição*. Quais conceitos de corporalidade ou «naturalidade» essas pessoas confirmam ou questionam mediante suas práticas e decisões: a redesignação sexual seria uma espécie de «mutilação» de um corpo «natural»? Ou ela apenas corrigiria algo, colocando-o em sua forma adequada? Ou o corpo, de qualquer maneira, já não seria há muito ou desde sempre o produto de intervenções bioquímicas, médicas e tecnológicas que tornam absurda qualquer concepção de um corpo original e intocado? A capacidade de modelar, cuidar e transformar a si próprio não seria uma forma de liberdade subjetiva? Seria uma versão emancipatória do cuidado de si? Ou a terapia hormonal não seria uma aliança politicamente questionável com uma indústria farmacêutica que se beneficia do fato de os Estados quererem regular e disciplinar o prazer e o corpo das pessoas?

Até que ponto aqueles que sofrem ou questionam as atribuições das normas de gênero, no fim, corroboram essas mesmas normas? O homem trans Paul B. Preciado escreve sobre essas questões abertas e de cunho político dentro de seu próprio círculo de amigos: «Sei que vão me julgar por tomar testosterona. Uns dirão que me tornarei um homem entre os homens, porque eu estava bem como mulher».[30] Algumas pessoas trans gostariam exatamente disso: de tornar-se também um homem «entre os homens» ou uma mulher «entre as mulheres». E para outras, ao contrário, trata-se de escapar precisamente desses modelos, dessas prescrições do que

---

Jacqueline Rose, «Who do you think you are?», op. cit.: <www.lrb.co.uk/v38/n09/jacqueline-rose/who-do-you-think-you-are>.

30 Paul B. Preciado, *Testo Junkie: Sexo, drogas e biopolítica na era da farmacopornográfica*. Tradução de Maria Paula Gurgel Ribeiro. São Paulo: n-1 edições, 2018, p. 60.

pode ser considerado masculino ou feminino. Por fim, mas não menos importante, surge a questão: o que um tratamento hormonal realmente *faz*? Quem começa a tomar hormônios se encaixa automaticamente nos papéis dominantes? O que acontece com a pessoa que toma hormônios? O tratamento hormonal, de fato, apenas transforma uma pessoa ou também influencia o modo como os outros pensam sobre ela? Há uma resposta médica para isso: um aumento no nível de testosterona no sangue de um corpo que está acostumado com um metabolismo baseado na produção de estrogênio é uma espécie de «reprogramação»: «A mínima alteração hormonal afeta todas as funções do corpo: a vontade de comer e de trepar, a circulação e absorção de minerais, os ritmos biológicos que regulam o sono, a capacidade de esforço físico, o tônus muscular, o metabolismo, o sentido do olfato e do gosto – de fato, toda a fisiologia bioquímica do organismo».[31] Mas o resultado é automaticamente «masculino»? Ou é considerado «masculino» o acordo para conceber como «masculino» certo conjunto de características tanto cromossômicas e genitais, como também de gestos, práticas e hábitos?

Para aqueles que optam por uma *transição*, esse caminho oculta limiares internos e externos difíceis de serem percebidos.[32] Entre os internos estão as incertezas sobre como a própria pele vai ser sentida, como a própria voz vai soar, qual será o cheiro do próprio suor e até que ponto a aparência física e a percepção do prazer poderão mudar. «Espero os efeitos de T. [Testogel] sem saber exatamente quais serão nem como ou quando se manifestarão», escreve Paul B. Preciado sobre a decisão de tomar

---

31 Ibid. pp. 153–154.

32 Cf. o verbete «Transition», escrito por Julian Carter e publicado em: *Posttranssexual. Key Concepts for a Twenty-First-Century Transgender Studies, TSQ*, vol. 1, n. 1–2, maio 2014, pp. 235 ss.

testosterona pela primeira vez.[33] Optar por uma *transição* significa sempre envolver-se em algo dinâmico e incerto – e, não menos importante, por conta própria. Mesmo que não haja nada ilegal na *transição*, mesmo que ela transcorra sob supervisão médica e sob controle administrativo do Estado, este é um caminho ainda considerado tabu e, portanto, delicado. «Quando decido tomar minha primeira dose de testosterona, não conto para ninguém. Como se se tratasse de uma droga pesada», escreve Paul B. Preciado, «espero ficar sozinha em casa para experimentá-la. Espero que anoiteça. Tiro um dos pacotes do pote de vidro e volto a fechá-lo para me assegurar de que hoje, e pela primeira vez, consumirei uma única dose. Mal comecei e já me comporto como alguém viciado em uma substância ilícita. Eu me escondo, me vigio, me censuro, me contenho.»[34]

Ainda entre os limiares internos está o medo da falta de aceitação social. A preocupação diante das mesmas perguntas repetidas exaustivamente e das mesmas explicações de sempre que provavelmente serão necessárias para que conhecidos e colegas de trabalho compreendam a mudança. Por um lado, é natural que o ambiente social queira entender esse processo e também tenha perguntas certamente bem-intencionadas. Obviamente, chamar alguém por outro nome, diferente daquele com que está familiarizado, requer uma adaptação. Provavelmente vai demorar um pouco até que o novo nome soe tão natural e familiar quanto o anterior. Talvez haja momentos em que as pessoas errem, seja por descuido ou por hábito. É compreensível. E certamente é por isso que ajuda perguntar para poder entender melhor todo o processo. Por outro lado, pode ser muito cansativo para as pessoas trans terem de discutir o tempo todo sobre sua própria *transição*. Às

---

33 Paul B. Preciado, *Testo Junkie*, op. cit., p. 70.

34 Ibid., pp. 59-60.

vezes, para além desse fato, elas gostariam de ser vistas como uma pessoa que talvez toque bateria ou crie uma criança ou trabalhe como advogada. O medo da dor da cirurgia certamente também é um dos limites internos. Uma *transição* não consiste em um único ato, uma única «correção» cirúrgica, mas geralmente é resultado de uma longa cadeia de operações, em alguns casos, dolorosas e complexas.

Entre os limiares externos de uma *transição* estão, acima de tudo, os obstáculos burocráticos, financeiros, psiquiátricos e legais que precedem uma redesignação sexual. Desde 1981 na Alemanha, a «Lei sobre Transexuais» (TSG, sigla em alemão para *Transsexuellengesetz*) regula as possibilidades legais para que as pessoas trans sejam oficialmente reconhecidas em relação ao gênero ao qual elas próprias se atribuem.[35] A «Lei sobre Mudança de Nome Próprio e Constatação de Atribuição de Gênero em Casos Especiais» define os requisitos que devem ser atendidos para reconhecer o desejo de adaptar o primeiro nome ao gênero percebido («solução menor») ou o desejo de alterar a entrada de gênero no registro de nascimento, ou seja, a alteração da atribuição no âmbito do direito civil («solução maior»). Após inúmeras mudanças, a lei não vê mais a cirurgia de redesignação sexual como um pré-requisito para efetuar uma alteração na entrada de gênero no registro de nascimento. Pelo contrário, o ponto é que a pessoa que solicita uma alteração, «devido ao seu caráter transexual, não *sente que pertence* mais ao gênero especificado em seu registro de nascimento» (ênfase minha).[36] O fator decisivo não é, portanto, uma naturalidade ou univocidade do corpo – independentemente de como isso seja definido – nem se

---

35 O texto integral da lei está disponível em: <www.gesetze-im-internet.de/tsg/BJNR016540980.html>.

36 Ibid. Há também o acréscimo de que, «com alto grau de certeza, pode-se presumir que seu sentimento de pertencer ao sexo oposto já não será alterado».

o corpo corresponde em todas as suas características à identidade de gênero vivida. Antes, a questão decisiva é se a pessoa se *identifica* ou não com a atribuição de gênero constatada. Entrementes, em uma série de decisões do Tribunal Constitucional Federal da Alemanha, prevaleceu a convicção de que apenas a identificação psicológica ou emocional – e de modo algum a constituição física – deve ser avaliada. Esse foi o argumento do Primeiro Senado em uma decisão de 11 de janeiro de 2011: «Novas percepções sobre a transexualidade foram obtidas desde a entrada em vigor da Lei sobre Transexuais [...]. Os transexuais vivem com a consciência irreversível e permanente de pertencer ao gênero que, devido às suas características sexuais externas, não lhes foi atribuído no momento do nascimento. Como no caso de não transexuais, sua orientação sexual dentro do gênero percebido pode ser tanto hétero quanto homossexual».[37]

No entanto, o livre desenvolvimento da personalidade que a Constituição da Alemanha garante não é, até o momento, tão livre para as pessoas trans. O direito de autodeterminação permanece estranhamente limitado. Em um número infinito de circunstâncias, as pessoas podem decidir sozinhas sobre seus próprios corpos: é permitido consumir drogas sintéticas, aproximar-se da fantasia estética de si mesmo com a ajuda da cirurgia plástica, suplementar o próprio corpo ou substituir algumas partes por meio de próteses e de inovações no campo da tecnologia médica; as pessoas podem usar a fertilização *in vitro* para engravidar, podem tratar feridas e mutilações gravíssimas graças à cirurgia reconstrutiva – tudo isso já faz parte da rotina médico-estética. Mas a questão do livre desenvolvimento da personalidade das pessoas trans ainda é atravancada do ponto de vista burocrático

....

[37] Em: <https://www.bundesverfassungsgericht.de/entscheidungen/rs20110111_1 bvr329507.html>.

e sobrecarregada pela regulamentação e disciplinamento biopolíticos. Diante de tantas especialidades envolvidas (entre psicólogos, conselheiros e médicos), o sociólogo Stefan Hirschauer fala da «mudança de gênero como uma conquista profissional».

Desse modo, a administração alemã exige uma averiguação dos fatos que compõem a «transexualidade». O tribunal de primeira instância é instruído a obter duas avaliações independentes, nas quais psiquiatras forenses constatam se o sentimento de pertencimento da pessoa trans a determinado gênero não mudará mais. Sem esse parecer, o registro civil não pode ser retificado. No diagnóstico sobre a «transexualidade», os pareceres psicológicos não necessariamente se limitam a julgar (conforme previsto pela lei) se uma pessoa *se percebe como pertencente* a outro gênero, mas também avaliam a transexualidade como uma doença e um «transtorno».[38] Isso se deve à classificação da «transexualidade» de acordo com o manual da CID-10 (Classificação Estatística Internacional de Doenças e Problemas Relacionados com a Saúde), publicado pela Organização Mundial da Saúde (OMS). No capítulo V, seções F00-F99 da CID são listados os distúrbios psíquicos e comportamentais, entre os quais (de F60 a F69), os «transtornos de personalidade e de comportamento».[39] Por quê? Por

---

[38] Para saber mais sobre a discussão crítica da patologização das pessoas trans, cf. Diana Demiel, «Was bedeuten DSM-IV und ICD-10?», in: Anne Alex (Org.), *Stop Trans*Pathologisierung*. Neu-Ulm: AG SPAK Bücher, 2014, pp. 43-51.

[39] Desde junho de 2018, com a publicação da décima primeira edição da CID pela OMS, foram abolidos os códigos F64 («Transtornos de identidade de gênero») e F65.1 («Travestismo fetichista»). A «transexualidade» também deixou de ser classificada como transtorno mental, passando a ser considerada uma condição relacionada à saúde sexual. Denominada de «incongruência ou disforia de gênero» (HA60) e caracterizada como uma «discordância acentuada e persistente entre o gênero

que uma pessoa trans deve ser classificada como tendo um transtorno comportamental? O Tribunal Constitucional Federal da Alemanha não prevê tal patologização, exigindo apenas que uma pessoa se perceba como pertencente a outro gênero e que essa percepção seja duradoura. Para isso, não é necessário descrever a pessoa como «doente» nem definir sua percepção como «não natural». Muitas pessoas trans reclamam que, ao solicitar uma alteração no registro civil, deve-se não apenas enviar dois pareceres psiquiátricos ao tribunal de primeira instância, mas também oferecer uma narrativa credível de seu próprio sofrimento no decorrer das entrevistas obrigatórias com os especialistas. Para algumas pessoas trans, isso não chega a ser um obstáculo, pois elas sempre experienciaram suas vidas como um sofrimento terrível. Algumas descrevem esse sofrimento como o de ter nascido em um «corpo errado». Outras descrevem-no como o sofrimento de ter o corpo percebido e interpretado como algo socialmente inaceitável. Algumas pessoas trans também não rejeitam, a princípio, a classificação médica porque realmente sentiam a sua vida antes do (re)nascimento em outro corpo e com outro nome como algo extremamente doloroso. Contudo, para muitas outras pessoas trans, esse tipo de parecer médico representa uma patologização inaceitável: elas resistem contra sua estigmatização como doentes «transtornados» – estigma para o qual ainda têm de contribuir *de facto* durante o processo de avaliação psiquiátrica, caso desejem obter um parecer favorável.

Em seu ensaio *The Elusive Embrace* [O abraço evasivo], o escritor e crítico norte-americano Daniel

---

experimentado por um indivíduo e o sexo atribuído», o novo código ainda reforça a impossibilidade de diagnóstico apenas pelo comportamento e pelas preferências das variantes de gênero. Cf: <https://icd.who.int/browse11/l-m/en#/<http://id.who.int/icd/>.entity/90875286>. [N. do T.]

Mendelsohn conta como foi particularmente influenciado pelo estudo das línguas faladas na Antiguidade Clássica. No grego antigo, ele escreve, existe um típico conector de frase estruturado pelas palavras *men* e *de* que pode ser traduzido por «de um lado» e «do outro», por exemplo: os gregos avançaram *men*; os troianos resistiram *de*. Dessa maneira, frases podem ser combinadas para expressar um contraste. Mendelsohn então descreve como essa estrutura «de um lado/do outro» gradualmente foi marcando seu pensamento: «Se você passa bastante tempo lendo literatura grega, esse ritmo começa a estruturar seu pensamento sobre outras coisas também. O mundo do *men* em que você nasceu; o mundo do *de* que você escolhe habitar».[40]

O pensamento sobre masculinidade ou feminilidade se move principalmente nessa estrutura de opostos, de um «ou um/ou outro». Independentemente do que seja considerado masculino ou feminino em determinada cultura ou contexto histórico particular, o que parece decisivo é que os contornos e limites supostamente «naturais» e «originais» não são apagados; que as diferenças essenciais permanecem reconhecíveis e confirmam a ordem social. A afirmação da naturalidade dos sexos sempre implica uma reivindicação de sua *inequivocidade* imutável.[41]

...

40 Daniel Mendelsohn, *The Elusive Embrace*. Nova York: Random House, 2000, pp. 25 ss. Tradução própria. No original: «If you spend a long enough time reading Greek literature that rhythm begins to structure your thinking about other things, too. The world *men* you were born into; the world *de* you choose to inhabit».

41 Particularmente, o discurso da nova direita exige essa inequivocidade. «Nesse contexto, o gênero funciona como um indicador social dentro da construção estritamente anti-individualista e autoritário-hierárquica da ‹comunidade do povo› [*Volksgemeinschaft*]. Os esboços de masculinidade(s) e feminilidade(s) são funcionais para a coesão interna da comunidade» (Juliane Lang, «Familie

Se essa inequivocidade não ocorre, se uma pessoa contradiz (por meio de seu corpo ou sua identidade de gênero vivida) a atribuição de gênero registrada em seu nascimento, ou se ela simplesmente contradiz a própria oposição binária entre os sexos, então um distúrbio médico-psiquiátrico lhe será sempre imputado. Aquilo que deveria ter sido «original» ou «natural» não é mais necessariamente o corpo de uma pessoa, mas a estrutura de pensamento expressa pela estrutura *men... de*. As pessoas que não correspondem a esse ordenamento são declaradas «doentes» por meio de um parecer.[42]

Ao se analisar a patologização de pessoas trans, não se trata apenas de investigar as consequências legais e normativas relacionadas ao reconhecimento desejado e à retificação do nome no registro civil, mas também de verificar como a estigmatização priva essas pessoas da proteção política e social de que elas precisam – e que merecem tanto quanto qualquer outro cidadão. O fato de serem marcadas não apenas como indivíduos que estão fora da norma, mas que também sofrem de um suposto «transtorno», torna as pessoas trans excluídas e isoladas. Infelizmente, muitas vezes essa degradação social alimenta o desprezo e os atos de violência aos quais as pessoas trans estão particularmente

---

und Vaterland in der Krise. Der extrem rechte Diskurs um Gender», in: Sabine Hark e Paula-Irene Villa (Org.), *Anti-Genderismus. Sexualität und Geschlecht als Schauplätze aktueller politischer Auseinandersetzungen*. Bielefeld: Transcript, 2015, p. 169).

42 Curiosamente, as próprias pessoas trans têm de pagar pelos pareceres psiquiátricos exigidos na Alemanha pelos tribunais de primeira instância. A terapia hormonal, por sua vez, é coberta pelo sistema de planos de saúde tão logo o parecer ateste o diagnóstico de «transexualidade». Isso parece contraditório, ou então a legislatura considera a «transexualidade» uma doença. Nesse caso, no entanto, o parecer exigido pelo tribunal também teria de ser pago pelos planos de saúde.

expostas em sua vida cotidiana.[43] Para indivíduos ou grupos que discriminam pessoas trans, essa suposta «doença» é algo muito bem-vindo pois serve como «justificativa» para a zombaria, para o ódio, para os ataques brutais ou até mesmo atos de violência sexual.

Assim como ficou claro no terrível ataque ocorrido em Orlando em junho de 2016, a experiência de desamparo é o que une lésbicas, gays, bissexuais, transgêneros, intersexuais e *queers*.[44] Independentemente de nossas diferenças e de nossas singularidades como indivíduos, guardamos em comum o sentimento de vulnerabilidade. Ainda temos de contar com possíveis insultos e ataques em público; nunca temos certeza do que nós – as pessoas que amam ou desejam ou se parecem diferentes da maioria que dita a norma – arriscamos quando andamos de mãos dadas ou nos beijamos na rua; sempre temos de antecipar uma agressão possível; permanecemos sempre conscientes daquilo que ainda somos: um objeto de exclusão e violência para aqueles que odeiam. «Lugares gays são assombrados pela história dessa violência», escreve Didier Eribon em seu grandioso livro de memórias *Regresso a Reims*, «cada caminho, cada banco, cada espaço longe dos olhares leva inscrito todo o passado, todo o presente e, provavelmente, todo o futuro desses ataques.»[45]

---

43 Sobre a falta de sensibilidade em relação à violência contra pessoas que não se encaixam em um gênero específico, cf.: Ines Pohlkamp, *Genderbashing. Diskriminierung und Gewalt an den Grenzen der Zweigeschlechtlichkeit*. Münster: Unrast, 2014.

44 Cf.: <www.sueddeutsche.de/politik/kolumne-orlando-1.3038967>.

45 Didier Eribon, *Retour à Reims*. Paris: Fayard, 2009, p. 221. No original: «Les lieux gays sont hantés par l'histoire de cette violence: chaque allée, chaque banc, chaque espace à l'écart des regards portent inscrits en eux tout le passé, tout le présent, et sans

O Observatório de Pessoas Trans Assassinadas (em inglês, *Trans Murder Monitoring Project*) publicou por ocasião do Dia Internacional contra Homofobia, Transfobia e Bifobia, em 17 de maio de 2016, os seguintes números: somente naquele ano, cem pessoas trans ou de gênero diverso já haviam sido assassinadas em todo o mundo. Desde o início do monitoramento, de janeiro de 2008 a 30 de abril de 2016, 2.115 pessoas morreram em 65 países como resultado da violência homo, trans ou bifóbica. Desses, 1.654 assassinatos foram registrados apenas nas Américas Central e do Sul. Em seu relatório «Estatísticas sobre crimes de ódio» (em inglês, *Hate Crime Statistics*) de 2014, a Organização para a Segurança e Cooperação na Europa (OSCE) enumerou 129 casos registrados como crimes de ódio contra pessoas LGBT na Alemanha – significativamente menos do que os casos de crimes de ódio relatados pela polícia por motivações antissemita (413) ou racista (2.039). No entanto, as estatísticas da OSCE também incluem alguns casos que não foram denunciados à polícia, mas foram coletados e registrados por agentes da sociedade civil: enquanto houve 47 ataques violentos por motivos racistas, foram contabilizados nesse mesmo ano 118 ataques violentos a pessoas LGBT.[46]

Para pessoas trans e intersexuais, a experiência de ódio e maus-tratos é particularmente virulenta. Elas estão ainda mais expostas a uma discriminação extrema e a uma violência brutal que gays e lésbicas. Isso se deve, entre outros fatores, à falta de espaços públicos onde elas possam se relacionar e se sentir protegidas.[47] Em piscinas, em vestiários

---

doute tout le futur de ces attaques».

46 <http://hatecrime.osce.org/germany?year=2014>.

47 Ao descrever a violência contra pessoas trans, também é importante refletir sobre o risco adicional ao qual pessoas trans negras ou não brancas são expostas. Transfobia e racismo formam uma

de academias e ginásios ou em banheiros públicos elas correm o risco constante de serem excluídas ou atacadas. A agressão específica que as pessoas trans e intersexuais enfrentam é frequentemente desencadeada pelo fato de que pessoas ou grupos hostis a trans simplesmente não podem suportar *ambiguidade* ou ambivalência.[48] No entanto, se algo é percebido como «ambíguo» ou «ambivalente», isso depende de uma oferta limitada de categorias. O desprezo pelas pessoas trans é frequentemente mascarado com a afirmação de que a própria masculinidade e a própria feminilidade podem ser ameaçadas ou desvalorizadas pela ambiguidade dos papéis de gênero desempenhados pelas pessoas trans. Isso é curioso já que as pessoas trans não exigem uma mudança na identidade de gênero dos outros – eles apenas questionam as condições sob as quais o seu direito ao livre desenvolvimento da personalidade é restringido.

Recentemente, a questão sobre o acesso de pessoas trans a banheiros públicos tem sido objeto de intenso debate, principalmente nos Estados Unidos. Onze estados processaram o governo de Barack

---

aliança cruel, e essa dupla situação de desamparo não deve ser negligenciada. Nenhuma das sete mulheres trans assassinadas nos Estados Unidos nas primeiras sete semanas de 2015 era branca. Esse desamparo particular em geral tem a ver com o fato de que muitas são especificamente marginalizadas como «pessoas de cor», impossibilitadas de encontrar um emprego e, consequentemente, impelidas à prostituição. Na ilegalidade dessa situação, elas facilmente se tornam vítimas das formas mais brutais de violência.

48 Muito frequentemente, o autor da violência transfóbica ainda «justifica» sua ação afirmando ter sido «enganado» pela pessoa trans em relação ao seu sexo. Dessa forma, a vítima de violência também é responsabilizada pela própria agressão. Sobre esse padrão de justificativa da violência transfóbica, cf.: Talia Mae Bettcher, «Evil Deceivers and Make-Believers», in: Susan Stryker e Aren Z. Aizura (Org.), *The Transgender Studies Reader*, vol. 2. Nova York: Routledge, 2013, pp. 278-290.

Obama por instruir as escolas do país a conceder às pessoas trans a liberdade de escolher quais banheiros correspondem ao seu gênero, independentemente do atribuído na certidão de nascimento. Então alguns estados protestaram movendo uma ação contra o governo na qual o acusam de «converter locais de trabalho e centros educacionais em laboratórios para realizar um experimento social massivo».[49] Se a proteção legal e territorial das minorias contra discriminação e violência é entendida como um «experimento social massivo», então a acusação está correta.

De fato, é surpreendente a irritação e a excitação com as quais se critica que pessoas, cujo gênero «original» já não corresponde ao vivido, possam ter um lugar para fazer suas necessidades. Os defensores de uma mudança de sinalização nos banheiros ou da abertura de banheiros para pessoas trans são com frequência acusados de que é uma obsessão ridícula o fato da sua emancipação depender de algo tão banal como ir ao banheiro. Independentemente da assombrosa subvalorização do significado dos banheiros, se o assunto fosse tão ridículo e insignificante quanto seus detratores postulam, então seria possível ponderar sobre ele com calma e generosidade.

Por que isso haveria de ser tão complicado? Uma sociedade aberta e justa também é caracterizada pelo fato de ser capaz de aprender: isso não significa apenas liberar recursos para lidar com problemas ecológicos ou econômicos e desenvolver soluções, mas também questionar os critérios que regem a participação política e social de maneira autocrítica. Uma sociedade disposta a aprender é caracterizada pelo fato de verificar se todos realmente recebem as mesmas oportunidades e a mesma proteção, ou se existem barreiras visíveis ou

---

49 Em:<http://www.dw.com/de/transgender-toilettens-treit-in-usa-auf-neuem-höhepunkt/a-19283386>.

invisíveis impostas por tabus ou chibôletes ideológicos. Para isso, não apenas as leis e sua aplicação precisam ser consideradas, mas também as configurações e disposições arquitetônicas ou midiáticas. Isso deveria ser possível com certa curiosidade autocrítica e irônica.

Já não é nenhuma novidade a produção de noticiários acompanhados de linguagem de sinais e de programas de televisão com legendagem para surdos, nem a necessidade de que haja acessibilidade para deficientes e cadeirantes em estações de trens e prédios públicos; também é cada vez mais comum a disposição na maioria dos restaurantes em auxiliar aqueles até com as mais raras intolerâncias alimentares – então não deveria ser possível que pessoas trans pudessem ir a banheiros adequados a elas? O fato de termos de responder a diferentes necessidades culturais, médicas ou religiosas já pertence às obviedades de qualquer sociedade. Não é preciso muita reflexão ou energia, mas apenas investimentos financeiros caso sejam necessárias mudanças materiais e arquitetônicas. Igualmente óbvia deve ser a garantia de que as pessoas trans tenham espaços seguros. Não apenas nas piscinas ou nas escolas, mas também nas prisões, nos abrigos para refugiados e nos centros de deportação. Em março de 2016, a ONG Human Rights Watch publicou um relatório intitulado *Do you see how much I'm suffering here* [Você vê o quanto estou sofrendo aqui?], sobre abusos sofridos por mulheres trans refugiadas que foram encarceradas em prisões e centros de deportação para homens nos Estados Unidos.[50] No relatório está documentado como mulheres trans refugiadas, por causa do gênero «original» atribuído no registro de nascimento, não foram confinadas em prisões femininas, mas nas instalações masculinas.

---

50 Em: <www.hrw.org/report/2016/03/23/do-you-see-how-much-im-suffering-here/abuse-against-transgender-women-us#290612>.

Lá, elas não apenas têm de ser submetidas a revistas físicas por oficiais homens, mas são regularmente vítimas de agressões violentas. Como até os carcereiros notaram os brutais abusos e torturas sofridos pelas refugiadas trans nesse ambiente, elas são frequentemente transferidas para solitárias «para sua própria segurança». Em virtude dessa lógica, um método cruel geralmente usado para punir prisioneiros é transfigurado em uma forma supostamente atenciosa para proteger as pessoas trans.

Toda essa regulação e esse disciplinamento estatais e sociais apenas porque o corpo ou o gênero devem necessariamente ser estabelecidos pelas categorias de «naturalidade» e de «originariedade»? Todo sofrimento individual e coletivo, toda exclusão, toda patologização deve ser socialmente aceitável simplesmente porque uma ordem supostamente original não deve ser tocada? Que autoridade é essa atribuída aqui a uma natureza supostamente inalterável e que se mostra intocável apenas e exclusivamente quando se trata de marcar as pessoas trans como «os outros»?

O artigo 2 da Constituição alemã garante o *direito ao livre desenvolvimento da personalidade*, à vida, *à integridade física* e protege a *liberdade da pessoa*. Ele não garante «o desenvolvimento parcialmente livre da personalidade», nem «o desenvolvimento livre apenas das personalidades que aderem ao gênero atribuído no nascimento», nem «a liberdade apenas daquelas pessoas que correspondem às ideias tradicionais de uma masculinidade e uma feminilidade ‹natural›». O que ele garante é: «o direito ao livre desenvolvimento da personalidade». Em nenhum lugar está escrito que uma pessoa não deva mudar ou se desenvolver. Pelo contrário: a Constituição alemã protege precisamente a liberdade de ação do indivíduo – desde que não viole as liberdades dos outros. A Lei Fundamental da Alemanha pertence a todos os seus cidadãos, não apenas à maioria. E todos estão submetidos a ela – mesmo aqueles que, não importa o motivo, diferem da maioria.

Não são as pessoas trans que têm de explicar por que querem o mesmo reconhecimento que os outros. Não são as pessoas trans que devem esclarecer que elas têm os mesmos direitos subjetivos, a mesma proteção legislativa e podem acessar os mesmos espaços públicos que os demais. As pessoas trans não precisam justificar como querem viver. Não são as pessoas trans que precisam argumentar por que têm o direito de desenvolver livremente sua personalidade. Ao contrário, todos que querem negar-lhes esse direito são os que devem explicações. Já está na hora de reformar a «Lei sobre os Transexuais» para que o direito à autodeterminação dessas pessoas seja cumprido, mesmo que elas não tenham sido avaliadas previamente. Faria mais sentido uma simples solução para o processamento de aplicação, como ocorre em Portugal ou na Argentina: deveria ser possível declarar o desejo de retificação da atribuição de gênero no cartório de registro civil. Então, a mudança no registro civil poderia simplesmente ser confirmada por um certificado.[51]

«O que é interessante sobre a peculiaridade do grego, no entanto, é que a sequência *men... de* nem sempre é necessariamente antagônica», escreve Daniel Mendelsohn. «Às vezes – com frequência – ela pode simplesmente ligar duas noções ou quantidades ou nomes, conectando em vez de separar, multiplicando em vez de dividir.»[52]

---

51 Para o caso de alguém desejar uma redesignação sexual por meio de uma cirurgia, uma avaliação faria novamente sentido – apenas por razões legais relacionadas aos seguros de saúde. Mas essa é uma questão controversa: para alguns, a ideia de patologização é inaceitável, para outros, a questão dos custos econômicos é mais relevante.

52 Daniel Mendelsohn, *The Elusive Embrace*, op. cit., pp. 26 ss. No original: «*What is interesting about the peculiarity of Greek, though, is that the* men...

Seria bom que esse modo de ver as coisas fosse alcançado de forma leve e serena: que a estrutura que parecia articular a polarização se tornasse uma forma que dá origem a múltiplas combinações e relacionamentos. Ninguém perde nada, nada é tomado de ninguém, ninguém precisa mudar se uma sociedade também concede às pessoas trans o direito de se desenvolverem livremente. Ninguém, nenhuma família será impedida de viver de acordo com suas próprias concepções de masculinidade e feminilidade. Trata-se apenas de conceder também às pessoas trans, como seres humanos saudáveis, vivos e livres, os mesmos direitos subjetivos e a mesma proteção estatal de que os outros desfrutam. Isso não diminui os direitos de ninguém, não desrespeita ninguém. Ao contrário, isso amplia o espaço no qual todos podem viver juntos como seres livres e iguais. É o mínimo que se deve fazer. Não se pode deixar que apenas as pessoas trans reivindiquem sozinhas seu direito ao livre desenvolvimento da personalidade. Não é possível que apenas aqueles que são excluídos ou desprezados lutem por sua liberdade e seus direitos. Muito pelo contrário: deve ser do interesse de todos que a mesma liberdade e os mesmos direitos também sejam desfrutados por todos.

Puro

Eles têm a cabeça cheia: de
vontade de aniquilação
e da certeza de agir impunemente.
Klaus Theweleit, *Das Lachen der Täter*

Outra estratégia para descrever o próprio grupo ou ideologia como algo superior e distinguir o «nós»

---

de *sequence is not always necessarily oppositional. Sometimes – often – it can merely link two notions or quantities or names, connecting rather than separating, multiplying rather than dividing*».

dos «outros» é recorrer a narrativas que defendem a sua própria «pureza». O chibôlet, que anuncia alguns como pertencentes ao grupo e os outros como inimigos, separa aqueles supostamente «imaculados» dos supostamente «sujos». Aqueles que são declarados imundos ou impuros devem ser excluídos e punidos. É com esse tipo de propaganda baseada na pureza que o jihadismo salafista – o programa ideológico da rede terrorista autodenominada Estado Islâmico (EI) – se espalha e com o qual tenta sobrelevar sua violência.

Neste momento, pode-se objetar: Mas para que observar a doutrina de um grupo terrorista? Não basta saber como eles matam premeditada e arbitrariamente pessoas em Beirute ou Túnis, em Paris ou Bruxelas, em Istambul ou em Raqqa? Não basta lembrar os assassinatos abomináveis de crianças em Toulouse que foram mortas só porque eram judias? Ou o assassinato de pessoas em um supermercado de alimentos kosher em Paris? Ou os assassinatos no Museu Judaico em Bruxelas? Tudo isso apenas porque as vítimas eram judias? Não basta lembrar o ataque terrorista à redação da revista satírica *Charlie Hebdo* no qual várias pessoas tiveram de morrer apenas porque desenhavam e acreditavam na liberdade de crítica e do humorismo, mesmo quando ele poderia irritar alguns? Ou o massacre na sala de concertos Bataclan, em Paris, na qual jovens muçulmanos, cristãos, judeus e ateus tiveram de morrer porque queriam sair e ouvir música – em um clube que anteriormente tinha proprietários judeus?[53] Ou o massacre na praia de Túnis, onde várias pessoas que queriam apenas descansar foram mortas de forma aleatória e indiscriminada? Ou o assassinato de um policial e sua esposa em Magnanville? Não basta saber como, no

....

53 Há especulações de que esse tenha sido o motivo para a escolha do Bataclan como local do atentado: <www.lepoint.fr/societe/le-bataclan-une-cible-re-gulierement-visee-14-11-2015-1981544_23.php>.

Iraque e na Síria, as mulheres da comunidade étnico-religiosa iazidis são escravizadas sexualmente e torturadas? Como os gays iraquianos e sírios são arremessados de muralhas à morte apenas porque amam ou desejam de maneira diferente?[54]

Será mesmo que a ideologia é importante nesses casos? Trata-se de um terror medonho perpetrado por um bando de criminosos que se assemelha aos cartéis de narcotraficantes no México (na brutalidade, na prática de sequestro e extorsão, no uso da comunicação midiática para espalhar medo e terror, no seu caráter internacional). Para que é necessário observar sua retórica programática? Após os ataques de Paris, o presidente Barack Obama descreveu os terroristas como «um punhado de assassinos com boas mídias sociais». A investigação de qualquer tipo de dogmática de tal organização que mata no mundo inteiro não seria uma forma de banalizar o problema?

Will McCants, um dos maiores especialistas em Estado Islâmico e diretor do projeto «As relações dos Estados Unidos com o mundo islâmico» no Instituto Brookings dos Estados Unidos, escreve: «Embora eu venha estudando a cultura jihadista há uma década, ainda estou surpreso e consternado por sua capacidade de inspirar indivíduos a tirar uma vida inocente».[55] É necessário explicar como as pessoas são levadas a matar outras. Como elas se tornam preparadas para deixar de ver os outros como seres humanos. Quais padrões de ódio são ativados para que, sem hesitação, torturem e matem crianças, mulheres e homens. Como são

....

54 Embora nem ao menos se saiba ao certo se eles de fato amavam homoafetivamente ou se isso foi simplesmente atribuído a eles.

55 Em: <http://time.com/4144457/how-terrorists-kill/>. A citação, no original: «Although I have studied jihadist culture for a decade, I am still astounded and dismayed by its ability to inspire individuals to take innocent life».

treinadas para tirar a vida de outras pessoas e desistir da sua própria em favor de um propósito supostamente mais alto – ou para serem vistas por um público com ideias semelhantes que se delicia com o espetáculo obsceno da violência.

Eventualmente, em relação às ações do Estado Islâmico, é como se nada mais fosse surpreendente. Os atentados são condenados por unanimidade – mas o espanto de que seres humanos tenham chegado ao ponto de matar assim de modo tão cruel tem diminuído. Como se as pessoas, de certa maneira, tivessem se habituado simplesmente por causa da quantidade de atentados do EI. Como se bastasse dizer: eles eram partidários do EI – e, com isso, já estaria esclarecido de que maneira essas pessoas aprendem a sentir tanto ódio, de que maneira podem ser levadas a desprezar outras como algo sem valor algum. Essa atitude peculiar implica o risco de trivialização da violência: como se o terror do EI fosse uma espécie de lei natural. Como se o terror islâmico seguisse um automatismo e não tivesse começado em algum momento.

Entretanto, o ódio e a violência, incluindo aí o ódio e a violência islâmica, não são simplesmente dados. Eles não são resultado «do Islã». Nem mesmo são genuinamente muçulmanos. Eles são *produzidos*. São feitos por uma organização terrorista com uma ideologia totalitária. Decerto que estrategistas terroristas também se referem às escrituras islâmicas, mas a interpretação pseudorrigorosa e exaltante da violência que fazem desses textos contradiz a de quase todos os estudiosos muçulmanos. Em uma carta aberta dirigida aos apoiadores do EI em 2015, 120 influentes eruditos muçulmanos criticaram a ideologia da organização, chamando-a claramente de anti-islâmica. Entre os autores que se voltaram contra o EI não estavam apenas os reformadores particularmente liberais, mas também o grão-mufti do Egito, xeique Shawqi Allam, bem como o xeique Ahmad Al-Kubaisi, fundador da Associação Ulemá do Iraque. Além de outros intelectuais do Chade, Nigéria, Sudão e Paquistão.[56] Em seus textos, os estrategistas do Estado Islâmico engendram suas fontes e autoridades como melhor lhes convêm. Eles citam frases soltas sem nenhuma referência ao contexto mais amplo em que elas se encontram. Leem e usam passagens isoladas sem considerar o restante do texto. Em sua exegese, eles desfiguram e pervertem o Islã – e nisso os estudiosos muçulmanos estão de acordo.

A violência do Estado Islâmico não irrompe do nada. As marionetes que a exercem, as pessoas que são manipuladas para cometer ataques suicidas ou fazer guerra na Síria e no Iraque precisam ser instruídas por regimes de olhar em que os outros só são vistos como inimigos e que, por isso, podem ser impunemente assassinados. Os moldes nos quais o ódio é derramado – contra as mulheres, contra os judeus, contra os homossexuais, contra os xiitas e todos os muçulmanos que são excluídos como apóstatas –, esses moldes são fabricados em inúmeros escritos, vídeos, sermões e poemas e são disseminados em conversas, nas ruas e pela internet.

Como já mencionado no início deste livro: não apenas condenar o ódio e a violência, mas observar seus modos de funcionamento, implica sempre demonstrar que algo *diferente* poderia ter sido feito, que *outra* decisão poderia ter sido tomada, que alguém poderia ter *intervindo*, que alguém poderia ter *desistido*. Não apenas reprovar o ódio e a violência, mas observar com quais estratégias retóricas, metáforas ou imagens o ódio é gerado e canalizado, implica sempre a determinação de assinalar aqueles lugares nos moldes narrativos nos quais o ódio e a violência poderiam ser minados ou interrompidos.[57]

---

56 Cf. Katajun Amirpur, in: <http://www.blaetter.de/ausgabe/2015/januar/islam-gleich-gewalt>.

57 Neste livro, não faço uma discussão mais detalhada sobre as estratégias político-imagéticas.

Mesmo aqueles que argumentam que o Estado Islâmico é menos uma radicalização dos islamistas do que uma islamização dos radicais precisam analisar como essa rede terrorista consegue recrutar apoiadores de contextos completamente heterogêneos e mobilizá-los para uma teologia niilista. Por último, mas não menos importante, dedicar-se às estratégias discursivas e político-imagéticas do EI, com sua ideologia e autoimagem, é o pressuposto para todos os esforços militares e policiais de combate ao terrorismo. Em uma avaliação registrada em atas confidenciais durante uma conferência realizada com especialistas em 2014, o major-general Michael K. Nagata, chefe das forças especiais dos Estados Unidos destacadas no Oriente Médio, expressou nestes termos os problemas detectados na luta contra o terror: «Nós não entendemos o movimento e, até o entendermos, não vamos derrotá-lo. Nós não derrotamos a ideia. Nem sequer entendemos a ideia».[58]

Quando se trata de um terreno fértil para o ódio (e não apenas do terrorismo e da violência organizada), quando se trata da mecânica da exclusão, de processos de um pensamento cada vez mais radical que deveriam ter sido reconhecidos desde o início – então todo o ambiente social, a vizinhança, o círculo de amigos, a família, as comunidades on-line devem estar envolvidos no esforço para impedir o fanatismo. Tal perspectiva sobre as estruturas que condicionam e canalizam o ódio, sobre os

---

Para aprofundar essa questão, cf. meu texto sobre sobre o vídeo de James Foley: <http://www.deutscheakademie.de/de/auszeichnungen/johann-heinrich-merck-preis/carolin-emcke/dankrede>.

58 Em: <http://www.nytimes.com/2014/12/29/us/politics/in-battle-to-defang-isis-us-targets-its-psychology-.html?_r= 0>. No original: «We do not understand the movement, and until we do, we are not going to defeat it. We have not defeated the idea. We do not even understand the idea».

discursos que primeiro legitimam e depois exaltam a violência, amplia as tarefas e as possibilidades de ação da sociedade civil. Ela não delega a resistência contra o fanatismo apenas às forças de segurança, que são as que precisam intervir diante do acúmulo de evidências de um possível crime. Mas a tarefa de defender uma sociedade aberta e plural na qual a diversidade religiosa, política e sexual possa prosperar pertence a todos nós.

Embora a ascensão do Estado Islâmico tenha de ser situada no contexto histórico de desenvolvimentos políticos e sociais no Iraque e na Síria nos últimos anos, o EI deve ser observado aqui como uma renovação ideológico-revolucionária da jihad salafista. De acordo com Fawaz A. Gerges, professor na London School of Economics, existem essencialmente três documentos ou escritos que fundam e esboçam a visão de mundo salafista-jihadista: por um lado, há o manifesto de 286 páginas *The Management of Savagery* [A gestão da barbárie], escrito por Abu Bakr Najji no início dos anos 2000; por outro, a *Introduction to the Jurisprudence of Jihad* [Introdução à jurisprudência da jihad], escrito por Abu Adbullah Muhajjer, e, por fim, o texto *The Essentials of Making Ready* [Os pontos essenciais da preparação (da jihad)], de Sayyid Imam Sharif, também conhecido como Dr. Fadl.[59] Apenas uma minoria dos membros do EI ou daqueles que se declaram apoiadores do grupo ao cometer seus assassinatos estudou esses documentos. No entanto, eles são extremamente instrutivos para compreender a imagem que o Estado Islâmico faz de si mesmo. É provável que os escassos discursos de seu líder, Abu Bakr al-Baghdadi, e as mensagens de áudio que o porta-voz oficial, Abu Mohamed al-Adnani, transmite por diferentes mídias, sejam bem mais conhecidos.[60]

---

59 Em: <http://thedailyworld.com/opinion/columnist/terrorism-book>.

60 As declarações de al-Adnani, com tradução em

Segundo o colunista do semanário alemão *Die Zeit* e especialista em terrorismo Yassin Musharbash, também devem ser incluídos nessa lista os discursos do fundador da Al Qaeda no Iraque, Abu Musab al-Zarqawi.[61] Por fim, os vídeos de propaganda com produção extravagante são particularmente populares, como o de 36 minutos intitulado *Upon the Prophetic Methodology* [Sobre a metodologia profética], lançado em agosto de 2014.[62]

Agora, qual é a história que o Estado Islâmico conta sobre si mesmo? Que tipo de «nós» é defendido e inventado por esse grupo e como se forma essa estrutura de ódio que motiva e capacita as pessoas a torturar e matar outras pessoas? A primeira coisa que chama a atenção na leitura dos escritos e dos discursos fundamentais do EI é a promessa de inclusão. Em seu discurso de 2012 intitulado *A Message to the Mujahidin and the Muslim Ummah in the Month of Ramadan* [Uma Mensagem para os Mujahidin e a Ummah Muçulmana no Mês do Ramadã], Abu Bakr al-Bagdadi diz o seguinte: «Você tem um Estado e um califado onde os árabes e os não árabes, o homem branco e o homem negro, o oriental e o ocidental são irmãos».[63] A

---

inglês, podem ser encontradas aqui: <https://pietervanostaeyen.com/category/al-adnani-2/>.

61 Sobre o papel de Abu Musab al Zarqawi, cf. Yassin Musharbash, *Die neue al-Qaida: Innenansichten eines lernenden Terror-Netzwerk*. Colônia: Kiepenheuer & Witsch, 2007, pp. 54-61.

62 Este link é mencionado apenas como fonte, não como recomendação. Ele é colocado aqui com um aviso prévio explícito, pois trata-se de um material de propaganda do EI. O vídeo não é adequado para jovens, pois contém cenas muito violentas e exalta o regime terrorista do Estado Islâmico: <http://www.liveleak.com/view?i=181_1406666485>.

63 Em: <http://www.gatestoneinstitute.org/documents/baghdadi-caliph.pdf>. A citação, no original em inglês: «You have a state and a khilāfah where the Arab and the non-Arab, the white man and the black man, the eastener and the westener are all

concepção contraditória que o EI tem de si mesmo pode ser notada na sua afirmação como um Estado, mas também como uma entidade territorial potencialmente aberta que não respeita as fronteiras dos Estados-nação existentes.[64] O Estado Islâmico cria um califado para além das fronteiras nacionais, cujo território deve ser flexível e cuja atratividade deve ser aberta a todos. «O Estado Islâmico não reconhece fronteiras artificiais nem cidadania além do Islã.» Assim, a mensagem que al-Bagdadi dirige aos mujahidin apela claramente para um *«nós» transnacional*. Árabes e não árabes, crentes brancos e negros, do Oriente ou do Ocidente, deveriam se unir: na luta contra o secularismo, contra a idolatria, contra «os incrédulos», contra «os judeus» e contra «aqueles que os protegem».

O ódio do Estado Islâmico é, antes de tudo, um equalizador. (Quase) todos são chamados a se juntarem à vanguarda da jihad do EI: jovens e velhos, homens e mulheres; de países árabes vizinhos, da Chechênia, da Bélgica, França e Alemanha; a cor da pele desempenha um papel tão irrelevante quanto sua origem social; podem fazer parte aqueles que abandonam a escola precocemente ou que se formam no ensino médio; oficiais do antigo exército iraquiano sob Saddam Hussein ou pessoas sem nenhum

---

brothers». Citação original da frase que aparece mais adiante: «The Islamic State does not recognize synthetic borders nor any citizenship besides Islam».

64 Um dos vídeos de propaganda do EI é explicitamente dedicado à questão das fronteiras: trata-se do filme de doze minutos intitulado *Breaking Borders*. A controvérsia sobre em que medida o EI poderia realmente construir uma estrutura de protoestado é interessante. Sobre essa questão, cf. a postagem dos convidados Daphné Richemond-Barak e Daniel James Schuster no excelente blog de Yassin Musharbash, colaborador do *Die Zeit*: <https://blog.zeit.de/radikale-ansichten/2015/11/24/warum-der-is-die-weltordnung-nicht-gefahrdet/>.

treinamento militar.[65] Qualquer um que queira se juntar à causa e se converter à doutrina propagada por al-Bagdadi será bem-vindo, com a promessa de uma recompensa – a dominação sobre os outros: «Por todos os lugares, os muçulmanos caminharão como um mestre».[66]

Logo, embora afirme basear-se em uma suposta abertura a todos que desejam se juntar a ela, a ideologia do Estado Islâmico promete ao mesmo tempo um status superior. Todo mundo que se converte ao EI será poderoso ou, pelo menos, livre. Todos os outros são degradados. Assim, o EI se declara, por um lado, como tendo uma *função equalizadora*, enquanto, por outro, quer se apresentar como um *instrumento de distinção*. O Estado Islâmico quer representar uma vanguarda jihadista com ambições imperiais e pretende reviver (e impor pela violência) uma versão «original» do Islã atribuída aos chamados ancestrais devotos («as-Salaf aṣ-Ṣāliḥ»). Ainda não está claro até que ponto essa referência genealógica a uma versão medieval do Islã tem rigor histórico ou não é, antes, uma invenção contemporânea. O decisivo, no entanto, é a retórica do retorno e do despertar para um Islã supostamente «verdadeiro».[67]

---

65 Em seu livro *Isis – A History*, Fawaz Gerges escreve que 30% dos membros da cúpula armada do EI são ex-oficiais do exército iraquiano ou policiais que perderam seus empregos como resultado do programa de desbaathificação realizado pelos americanos. Cf.: <http://www.nybooks.com/articles/2016/06/23/how-to-understand-isis/>.

66 Fragmento do discurso de al-Bagdadi, intitulado *A Message to the Mujahidin and the Muslim Ummah in the Month of Ramadan* [Uma mensagem aos mujahidin e à nação islâmica no mês do Ramadã], disponível em: <http://www.gatestoneinstitute.org/documents/baghdadi-caliph.pdf>. Citação original: «Muslims will walk everywhere as a master».

67 Sobre a particular compreensão de temporalidade do Estado Islâmico, cf. o «Grundkurs djihadistische Ideologie» [Fundamentos da Ideologia Jihadista], de Yassin Musharbash, em: <https://blog.zeit.de/

Ao mesmo tempo, porém, trata-se aqui expressamente do projeto de um Islã sunita. O Islã xiita é denunciado e desprezado como um outro categoricamente diferente. É uma visão paradoxal de um pan-islamismo sunita que pratica uma política de identidade hipersunita ao mesmo tempo que prega o jihadismo universal.[68] O EI se apresenta ao mesmo tempo como sem limites e limitado, como inclusivo e exclusivo, como exclusividade inclusiva. «Não é difícil de ver como as crenças em poluição podem ser usadas num diálogo reivindicatório e contrarreivindicatório de *status*», escreve a antropóloga Mary Douglas em seu estudo sobre a pureza e o perigo.[69] O EI quer reivindicar o status mais alto possível com seu culto à pureza.

É provável que a grande atratividade do Estado Islâmico esteja exatamente nessa dupla promessa, ou seja, no convite incondicional para fazer parte de um «nós» atemporal e, ao mesmo tempo, na capacidade de se sentir como um muçulmano «melhor», «mais verdadeiro» e «mais autêntico». Essa é a força da atração inclusiva para todos os europeus muçulmanos que não se sentem pertencentes a lugar nenhum, nem conseguem se identificar como parte de uma missão histórica. Para aqueles que se sentem excluídos porque sempre foram tratados como cidadãos de segunda classe; para quem a promessa de liberdade, igualdade e fraternidade nada mais é

---

radikale-ansichten/2015/03/30/wie-tickt-der-1/>.

68 Assim como estudiosos muçulmanos de todo o mundo resistem à distorção do Islã pelo Estado Islâmico, muitas tribos sunitas no Iraque e na Síria negam sua lealdade ao EI. Fawaz A. Gerges enfatiza que al-Bagdadi parece ter subestimado a complexa realidade política e social tanto no exterior quanto no próprio território: <http://www.latimes.com/opinion/op-ed/la-oe-0417-gerges-islamic-state-theorists-20160417-story.html>.

69 Mary Douglas, *Pureza e perigo*. Tradução de Monica Siqueira Leite de Barros e Zilda Zakia Pinto. São Paulo: Perspectiva, 1966, p. 14.

do que uma expressão vazia; para aqueles que estão desempregados ou vivem em um ambiente tomado pelo crime sem perspectiva de trabalho; para aqueles que simplesmente não sabem o que fazer com eles mesmos e com suas vidas; para quem busca um sentido ou um estímulo qualquer; para todas essas pessoas, esse convite pode ser muito tentador. Eles são atraídos pela simulação de uma comunidade em que todos são supostamente bem-vindos, mas que é tão anti-individualista e autoritária que, em última instância, todos acabam sendo privados de sua singularidade. Embora o EI prometa fama individual e especialmente meios como a revista on-line *Dabiq* se dediquem a recontar histórias pessoais de combatentes e suas operações militares, o sistema do EI castiga sem escrúpulos os desvios indesejáveis ou a «deslealdade».[70]

Os inimigos reais ou imaginários desse projeto ultraconservador de (auto)purificação radical não são apenas cristãos ou judeus, mas todos que estão excluídos sob a acusação de apostasia. No manifesto intitulado *Management of Savagery* [A gestão da barbárie], a missão do movimento é libertar a comunidade muçulmana da «degradação» de que é vítima. O «Ocidente» e as antigas potências coloniais não são os únicos responsáveis pelo declínio do Islã, mas também todas as distrações pelas quais os crentes muçulmanos sucumbiram. «O poder das massas foi domado e sua autoconsciência se dissipou por milhares de distrações.»[71] O manifesto é cheio de desprezo por todos os muçulmanos que

---

70 Em: <http://www.independent.co.uk/news/world/middle-east/isis-executes-at-least-120-fighters-for-trying-to-flee-and-go-home- 9947805.html>.

71 Uma versão em PDF do texto pode ser encontrada aqui: <http://www.liveleak.com/view?i=805_1404412169>. Citação extraída da p. 14. No original: «The Power of the masses was tamed and its self-awareness dissipated through thousands of diversions».

foram dissuadidos de seu compromisso com Deus. Fatores que supostamente enfraquecem indevidamente os crentes incluem «os prazeres pelos órgãos sexuais e pelo estômago», a busca pela riqueza e «os meios de comunicação enganosos». O que quer que impeça os muçulmanos de louvarem um Único Deus de forma pura é chamado de degradado ou «sujo». A ordem que o EI quer estabelecer por meio da violência é rigorosamente devota e higienicamente livre de quaisquer paixões prejudiciais.[72]

Os escritos, aos quais o Estado Islâmico se reporta, espalham uma narrativa apocalíptica: a violência de uma jihad agressiva deve aumentar qualitativa e estrategicamente em várias etapas. Todo caos, toda instabilidade no caminho para alcançar a ordem desejada do governo de Deus são expressamente desejados. O inimigo deve ser «massacrado e desterrado». Qualquer benevolência, qualquer questionamento da violência como instrumento é depreciado como uma demonstração inadequada de fraqueza: «Se não somos violentos em nossa jihad e se a suavidade nos domina, isso será um fator importante na perda do elemento de força».[73]

Trata-se de uma visão de mundo dualista que apenas conhece o bem e o mal absolutos. Tudo o que é intermediário, toda diferenciação, toda ambivalência fica de fora. É isso que caracteriza todos os fundamentalistas e fanáticos: eles não

---

72 Uma leitura psicanalítica desse culto à pureza (junto com o extremo amor à ordem e o medo de perder o controle) poderia atestar-lhe um «caráter anal». Sobre a relação entre o populismo e a ideia de pureza – para além do Estado Islâmico –, cf.: Robert Pfaller, *Das schmutzige Heilige und die reine Vernunft: Symptome der Gegenwartskultur*. Frankfurt am main: Fischer, 2008, pp. 180-195.

73 *The Management of Savagery*, p. 72, disponível em: <http://www.liveleak.com/view?i=805_1404412169> Citação no original, em inglês: «If we are not violent in our jihad and if softness seizes us, that will be a major factor in the loss of the element of strength».

admitem a menor dúvida sobre suas próprias posições. Qualquer consideração, argumento ou citação devem ser absolutamente inequívocos. E é isso que distingue regimes autoritários: eles não deixam espaço social ou político para o dissenso. Assim se esclarece como até os mais cruéis massacres, decapitações ou queima de reféns podem ser «justificados». Esta talvez seja a coisa mais assombrosa quando se assiste a alguns dos vídeos das execuções do Estado Islâmico: eles realmente fazem isso de maneira expressamente «didática». Eles preparam «pedagogicamente» e fornecem «justificativas» para toda ação, ainda que brutal, para toda demonstração, ainda que insuportável, de seu próprio desprezo pelos seres humanos. As execuções ou as destruições intencionais de mesquitas ou edifícios xiitas são sempre inseridas em uma narrativa que defende esses atos como algo «necessário». Mesmo no caso da violência mais arbitrária, a impressão de arbitrariedade deve ser evitada por todos os meios. Qualquer forma de prazer gerada pela encenação, qualquer forma de alegria sádica produzida pela tortura de seres humanos devem se desfazer do fator individual e subjetivo. De acordo com essa narrativa, qualquer ação cometida em nome do Estado Islâmico deve ter uma explicação teológica formal e responder a um «motivo» salafista-jihadista. No entanto, esse relacionamento exultante com a violência, tão óbvio para alguns, não é suficiente. A violência deve ser carregada de significado. Não que esses «motivos» apresentados fossem coerentes. O mais importante é que o ódio e a violência nunca pareçam aleatórios, mas sempre premeditados e controlados. O terror deve aparecer como o terror lógico de uma ordem que deseja refletir-se como uma autoridade legítima em cada ato individual. Essa necessidade contínua de se autoexplicar tem um duplo destinatário e contém uma dupla mensagem: por um lado, eles sinalizam externamente que não são apenas um mero grupo guerrilheiro desorganizado, mas um Estado poderoso e legítimo, capaz de se comunicar por meios técnicos sofisticados e com características estéticas da cultura popular. Por outro lado, sinalizam internamente que não há espaço aqui para decisões independentes ou mesmo ambições democráticas. Com a comunicação ininterrupta, também é estabelecido um discurso hegemônico que anuncia a todo momento o domínio totalitário do EI.

Agora o Estado Islâmico está perseguindo seu *culto ao puro* não apenas no eixo ideológico vertical, mas também no horizontal. Por um lado, como descrito, o EI executa seu rigoroso programa na direção teológico-genealógica quando se refere às práticas e convicções dos ancestrais (mesmo que elas sejam inventadas para servir como modelo no presente). Por outro lado, a ambição de pureza também se dirige contra as sociedades culturalmente híbridas de hoje, tanto nos países árabes quanto na Europa. As categorias do outro, do sujo e do impuro não se referem apenas às deformações supostamente corruptas e renegadas do Islã, mas, sobretudo, à modernidade esclarecida e à sua concepção secular de Estado que torna possível a diversidade de religiões e culturas. Para o dogma do EI, isso é realmente o *absolutamente outro*: pluralidade, coexistência religiosa na diversidade e legitimação de um Estado decididamente secular, dissociado de qualquer religião em particular.

Em uma mensagem de 2007 intitulada *Say I am on clear proof from my Lord* [Diga Estou diante de uma prova clara do meu Senhor], o ex-líder do Estado Islâmico, Abu Omar al-Bagdadi, afirma: «Acreditamos que o secularismo, apesar de suas diferenças em suas bandeiras e partidos [...], é uma clara descrença, opondo-se ao Islã, e quem o pratica, não é muçulmano».[74] Essa é uma passagem in-

---

74 A citação foi extraída do sétimo ponto deste discurso: <https://pietervanostaeyen.files.wordpress.

teressante no texto. Para o EI, o secularismo deve ser considerado uma descrença, como algo supostamente contrário ao Islã. Mas o secularismo não é uma religião, e é notável que o EI, apesar disso, acredita que deve negá-lo explicitamente. Sim, o líder do EI na época enfatizou que a «prática do secularismo» não era islâmica e seria inadequada a um muçulmano. Isso soa como se o secularismo fosse uma prática individual. Como se o secularismo exigisse a oração ritual ou a peregrinação. Isso é curioso, já que o secularismo se refere à constituição de um Estado que entende sua autoridade como expressamente pós-metafísica e dissociada de todo poder eclesiástico.

A ideologia da pureza não pode permitir que diferentes crenças e práticas religiosas existam lado a lado. Que um Estado possa se conceber como esclarecido e igualmente responsável por todos, independentemente da confissão religiosa de cada um. Que uma sociedade possa adotar uma ordem secular e democrática na qual todos tenham os mesmos direitos subjetivos, que todos possam vivenciar todas as suas práticas e crenças religiosas particulares e que todos partilhem da mesma dignidade. Nada parece ser mais contra o EI do que uma mistura cultural ou religiosa. Tudo o que é híbrido, tudo que é plural, se opõe a esse fetichismo do puro. A esse respeito, os ideólogos fanáticos do EI se assemelham à nova direita na Europa: eles distinguem a «impureza» cultural e a coexistência pacífica das diferentes crenças como hostis. Para eles, a ideia de que o Islã possa pertencer à Europa e de que nas democracias abertas europeias os muçulmanos possam usufruir do mesmo reconhecimento

---

com/2014/12/say_i_am_on_clear_proof_from_my_lord-englishwww-islamicline-com.pdf>. No original, em inglês: «We believe that secularism despite its differences in its flags and parties [...] is a clear disbelief, opposing to Islam, and he who practices it, is not a Muslim».

assim como outros crentes ou ateus que respeitam as Constituições do continente é tão inconcebível quanto indesejada.

Isso também explica por que o Estado Islâmico pôs em prática uma ativa propaganda contra a política de Angela Merkel durante a crise humanitária dos refugiados e seu processo de acolhimento na Europa. Os refugiados foram avisados em pelo menos cinco mensagens de vídeo de que não deveriam se mudar para a Europa.[75] Muçulmanos que vivem ao lado de judeus, cristãos e «infiéis» são duramente criticados nessas mensagens. Ao contrário do que sugerem os agitadores de direita, o gesto humanitário em relação aos refugiados não significa apoio ao EI, mas, pelo contrário, todo gesto, toda lei, todo ato que ofereça aos refugiados muçulmanos um tratamento justo, uma recepção aberta, uma chance real de inclusão na Europa representa uma ameaça direta à ideologia islamista. O fato de o Estado Islâmico usar rotas de refugiados para infiltrar potenciais terroristas na Europa representa um risco que não pode ser ignorado do ponto de vista da estratégia policial e da política de segurança. No entanto, isso não altera em nada a estratégia programática e militar do EI, cujo objetivo é exclusivamente polarizar a Europa por meio de seus ataques e propaganda. Uma divisão entre uma Europa muçulmana e não muçulmana é um dos objetivos explícitos da jihad. A racionalidade perversa, porém consequente, do EI tem esperança de que, a cada ataque realizado na Europa ou nos Estados Unidos, a opinião pública puna a população muçulmana do respectivo país o mais coletivamente possível. Os muçulmanos que vivem em estados seculares modernos devem estar sujeitos a suspeitas generalizadas, ser isolados e excluídos – porque somente dessa

---

[75] Em: <http://www.jerusalemonline.com/news/world-news/around-the-globe/isis-warns-refugees-dont-flee-to-europe- 5954>.

maneira eles podem ser separados das democracias modernas, expulsos e, finalmente, integrados ao EI. Cada voz que condena todos os muçulmanos após um ataque islamista, cada voz que nega aos muçulmanos seus direitos fundamentais ou sua dignidade, cada voz que só quer associar os muçulmanos à violência e ao terror cumpre exatamente o sonho islamista de uma Europa dividida e involuntariamente contribui para promover o culto ao puro.

Portanto, será crucial para a Europa esclarecida que ela continue se sentindo em dívida com a modernidade secular e aberta. Será importante não apenas continuar a tolerar a diversidade cultural, religiosa e sexual, mas também celebrá-la. Somente na diversidade floresce a liberdade do dissidente, que também é individualmente diferente. Somente em uma esfera pública liberal está preservado o espaço para a contradição, para o questionamento de si e também para a ironia como o gênero do ambíguo, do equívoco, do inconclusivo.

Capítulo 3

Elogio ao Impuro

*O ‹nós› não é nem a soma nem
a justaposição dos ‹eus›.*
Jean-Luc Nancy, Ser singular plural

Entre os 28 volumes da *Enciclopédia*, o compêndio do saber do Esclarecimento publicado por Denis Diderot e Jean-Baptiste Le Rond d'Alembert entre 1752 e 1772, encontra-se uma definição de fanatismo válida até hoje. «O fanatismo é um zelo cego e apaixonado», diz o verbete escrito por Alexandre Deleyre, «que nasce das opiniões supersticiosas e faz que se cometam ações ridículas, injustas e cruéis. Não somente sem vergonha e sem remorso, mas ainda com uma espécie de alegria e de consolação.»[1] Isto também une os fanáticos contemporâneos, sejam eles pseudorreligiosos ou políticos: o fato de engendrarem dogmas e superstições que incitam e «justificam» o ódio. E de que, sem vergonha ou remorso, ora eles representam posições simplesmente ridículas, ora cometem atos injustos ou mesmo cruéis. Às vezes, sua maneira cega de propagar as mais absurdas teorias da conspiração chega a ser hilária. Mas a graça logo desaparece quando essas crendices, de fato, consolidam uma doutrina capaz de mobilizar outras pessoas. Quando o ódio é incitado para intimidar os outros, para acusá-los e estigmatizá-los, privá-los do espaço

----

1 Denis Diderot e Jean Le Rond d'Alembert, *Enciclopédia, ou Dicionário razoado das ciências, das artes e dos ofícios* (Metafísica; vol. 6). Organizado por Pedro Paulo Pimenta e Maria das Graças de Souza. Tradução de Pedro Paulo Pimenta, Maria das Graças de Souza e Thomas Kawauche. São Paulo: Editora Unesp Digital, 2017, p. 393.

público e do discurso, para feri-los e atacá-los – então isso é tudo menos divertido ou ridículo. Se o fanatismo se associa à ideia de uma nação homogênea, a uma concepção racista de pertencer a um «povo» entendido como *ethnos*, ou se está ligado a uma ideia pseudorreligiosa de «pureza», o que une todas essas doutrinas é um mecanismo iliberal de inclusão e exclusão arbitrárias e intencionais.

Se há algo de que os fanáticos dependam em seu dogmatismo, então é da univocidade. Eles precisam de uma doutrina pura de um povo «homogêneo», de uma religião «verdadeira», de uma tradição «original», de uma família «natural» e de uma cultura «autêntica». Eles precisam de senhas e códigos que não permitam nenhum tipo de objeção, ambiguidade ou ambivalência – e essa é precisamente a sua maior fraqueza. O dogma do puro e do simplório não pode ser combatido por meio da adaptação mimética. É inútil enfrentar intransigência com intransigência, fanáticos com fanatismo, ou aqueles que odeiam com mais ódio. A antidemocracia só pode ser combatida com meios democráticos e constitucionais. Se a sociedade liberal e aberta quiser se defender, ela só poderá fazê-lo permanecendo liberal e aberta. Se a Europa moderna, secular e plural é atacada, ela não deve deixar de ser moderna, secular e plural. Se fanáticos religiosos e/ou racistas pretendem dividir a sociedade nas categorias de identidade e diferença, então serão necessárias alianças solidárias que pensem em termos de semelhanças entre as pessoas. Se os ideólogos fanáticos apresentam sua visão de mundo apenas em simplificações grosseiras, não se trata de superá-las em seu reducionismo e superficialidade, mas antes será necessário promover uma diferenciação.

Isso implica ainda não responder ao essencialismo dos fanáticos com argumentos igualmente essencialistas. A crítica e a resistência ao ódio e ao desprezo devem, portanto, sempre se concentrar nas estruturas e nas condições que as tornam possíveis. Não se trata de demonizar as pessoas como tais, mas de criticar ou de impedir suas ações tanto verbais quanto não verbais. E, quando se trata de crimes cometidos, então seus autores devem ser obviamente processados e, sempre que possível, condenados. Contudo, para combater o ódio e o fanatismo da pureza também é necessário resistência da sociedade civil (tanto de forma individual quanto coletiva) contra as técnicas de exclusão e isolamento, contra as malhas perceptivas que tornam alguns visíveis e outros invisíveis, contra os regimes de olhar que apenas veem os indivíduos como representantes de grupos. É preciso uma oposição corajosa a todas essas pequenas e ordinárias formas de humilhação e degradação, bem como leis e práticas de apoio e solidariedade àqueles que foram excluídos. Isso requer outras narrativas nas quais outras perspectivas e outras pessoas possam ser percebidas. Somente se as malhas do ódio forem substituídas, somente se «semelhanças forem descobertas onde antes só eram vistas diferenças» é que poderá surgir a empatia.[2]

O fanatismo e o racismo devem ser enfrentados não apenas em seu conteúdo, mas também em sua forma. Isso *não* significa que se deva radicalizar. Isso *não* significa, de modo algum, que se deva promover com ódio e violência o cenário fantasioso de uma guerra civil (ou de um apocalipse). Em vez disso, são necessárias medidas de intervenção econômica e social naqueles lugares e nas estruturas em que surge aquele descontentamento que pode ser canalizado pelo ódio e pela violência. Para quem quiser combater preventivamente o fanatismo será imprescindível questionar quais incertezas sociais e

---

2 Aleida Assmann, «Ähnlichkeit als Performanz. Ein neuer Zugang zu Identitätskonstruktionen und Empathie-Regimen», in: Anil Bhatti e Dorothee Kimmich (Org.), *Ähnlichkeit. Ein kulturtheoretisches Paradigm.* Konstanz: Konstanz University Press, 2015, p. 171.

econômicas são mascaradas pela falsa segurança de dogmas pseudorreligiosos ou nacionalistas. Quem quiser combater preventivamente o fanatismo terá de se perguntar por que para tantas pessoas suas vidas valem tão pouco que estão dispostas a abandoná-las por uma ideologia.

Mas, acima de tudo, é necessário um discurso em defesa do impuro e do diferente, porque isso é o que mais irrita os que odeiam e os fanáticos em seu fetichismo do puro e do simplório. É necessária uma cultura da dúvida esclarecida e da ironia. Porque esses são gêneros de pensamento que se opõem a fanáticos intransigentes e dogmáticos racistas. Tal apelo em defesa do impuro deve ser mais do que apenas uma promessa vazia. Precisa-se não apenas da afirmação do pluralismo nas sociedades europeias, mas também de significativos investimentos políticos, econômicos e culturais que favoreçam esse tipo de convivência inclusiva. Por quê? Por que a pluralidade deve ser valiosa? Dessa forma, não se substitui uma doutrina por outra? O que significa pluralidade para aqueles que temem que a diversidade cultural ou religiosa os limite em suas próprias práticas e crenças?

Hannah Arendt escreveu em *A condição humana*: «Os homens no plural, isto é, os homens na medida em que vivem, se movem e agem neste mundo, só podem experimentar a significação porque podem falar uns com os outros e se fazer entender aos outros e a si mesmos».[3] Para Arendt, a pluralidade é antes de tudo um fato empírico inevitável. Simplesmente não há um único ser humano que exista individual e isoladamente, mas no mundo só podemos viver em grande número, ou seja, no plural. Pois bem, mas na era moderna a pluralidade não significa a multiplicação de um modelo original, de uma

---

3 Hannah Arendt, *A condição humana*. Tradução de Roberto Raposo. 13ª ed. rev. Rio de Janeiro: Forense Universitária, 2019, p. 5.

norma predeterminada à qual todos os outros devam se ajustar. Para Arendt, a *condition humaine* e a ação humana são caracterizadas por essa pluralidade «porque somos todos iguais, isto é, humanos, de um modo tal que ninguém jamais é igual a qualquer outro que viveu, vive ou viverá».[4] Essa definição contradiz elegantemente a concepção mais recorrente de identidade e diferença. Aqui, trata-se tanto de um pertencimento comum a um «nós» universal como seres humanos quanto, ao mesmo tempo, de uma singularidade como indivíduos distintos. O plural de que se fala aqui não é um «nós» estático ou uma massa que inevitavelmente se torna homogênea. Antes, o plural na tradição de Hannah Arendt é formado da variedade de singularidades individuais. Todos são semelhantes, mas ninguém é igual a ninguém – isso é a condição (tanto «estranha» quanto encantadora) e a possibilidade da pluralidade. Qualquer padronização que leve a uma depuração da singularidade de cada ser humano contradiz esse conceito de pluralidade.

De acordo com Jean-Luc Nancy, o «singular é de imediato *cada* um e, portanto, também cada um *com* e *entre* todos os outros».[5] O singular, portanto, não é o indivíduo egoísta. E o plural não é a mera «soma nem a justaposição dos eus».[6] A individualidade só pode ser reconhecida e realizada na convivência com e para os outros. Sozinho ninguém pode ser único, mas apenas sozinho. Para isso é necessário um estar-junto social no qual os próprios desejos e necessidades sejam refletidos ou refratados. Um «nós» que se vê apenas como uma unidade

---

4 Ibid., p. 10.

5 Jean-Luc Nancy, *Être singulier pluriel*. Paris: Galilée, 1996, p. 52. No original, em francês: «Le singulier, c'est d'emblée chaque un, et donc aussi chacun avec et entre tous les autres».

6 Ibid., p. 87. No original, em francês: «‹nous› n'est pas l'addition ni la juxtaposition de ces ‹je›». [N. do T.]

monocromática não contém diversidade nem individualidade. Isso significa dizer que a diversidade cultural ou religiosa, uma sociedade heterogênea, um Estado secular que cria as condições e estruturas para que diferentes projetos de vida possam coexistir em igualdade, tudo isso não restringe as crenças individuais, mas as possibilita e as protege. *A pluralidade dentro de uma sociedade não implica a perda da liberdade individual (ou coletiva), mas, pelo contrário, é o que garante essa liberdade.*

Os fanáticos pseudorreligiosos e os nacionalistas étnicos (i.e., racistas) costumam desenhar um quadro diferente: eles reivindicam um coletivo homogêneo, original, puro, e tentam convencer de que isso traria uma maior proteção ou uma maior estabilidade. Eles alegam que uma sociedade plural comprometeria a coesão e arruinaria uma tradição que eles tanto estimam. Em oposição a isso, pode-se objetar, por um lado, que a ideia de um Estado secular também pertence a uma tradição, nomeadamente àquela do Esclarecimento – e, como qualquer tradição, ela também é *fabricada*. Por outro lado, a doutrina de uma nação pura e homogênea de maneira alguma garante a estabilidade, pois começa excluindo tudo aquilo que considera supostamente «estrangeiro», «hostil» ou «inautêntico». É precisamente esse conceito essencialista de comunidade que não oferece proteção. Somente uma sociedade liberal, que se considera aberta e plural, que não impõe diretrizes em relação a estilos de vida de natureza religiosa ou ateia, também pode proteger as crenças ou os corpos individualmente diferentes e as ideias e práticas divergentes sobre o que se considera uma vida boa, o amor ou a felicidade. Esse não é simplesmente um argumento racional ou normativo, como costuma ser assumido. Mas o apelo em defesa do impuro atende às necessidades afetivas das pessoas como seres vulneráveis e inseguros. Reconhecer a diversidade cultural de uma sociedade moderna não significa de modo algum que estilos de vida particulares, as diferentes tradições ou as crenças religiosas deixem de ter espaço. Reconhecer uma realidade globalizada não significa desconsiderar as diferentes ideias sobre o que é viver bem.

Pessoalmente, a diversidade cultural, religiosa ou sexual em um Estado secular de direito me *tranquiliza*. Enquanto eu puder ver essa diversidade no espaço público, também sei que estarão garantidos os espaços livres nos quais eu, como indivíduo com todas as minhas idiossincrasias, anseios, com minhas convicções ou práticas provavelmente divergentes, estarei protegida. Sinto-me menos vulnerável quando percebo que a sociedade em que vivo permite e sustenta estilos de vida diferentes, crenças religiosas ou políticas distintas. Nesse sentido, também fico tranquila com as formas de vida ou de expressão das quais pessoalmente prefiro manter distância. Elas não me incomodam. Elas também não me assustam. Pelo contrário, fico feliz com os mais diversos rituais ou festivais, práticas e costumes. Não importa se as pessoas se divertem com bandas marciais ou no Festival de Bayreuth, no estádio do FC Union Berlin ou com o espetáculo *drag* «Pansy Presents...» no Südblock (um espaço cultural no bairro berlinense de Kreuzberg), se as pessoas acreditam na Imaculada Conceição ou na separação das águas do Mar Morto, se elas usam quipá, calça tirolesa de couro ou se travestem – a diversidade vivida e respeitada dos outros não apenas protege a individualidade deles, mas também a minha. A esse respeito, a defesa do impuro não é simplesmente uma doutrina racionalista ou «racional» para a constituição plural de uma sociedade secular – mesmo que com frequência seja argumentado dessa maneira. Antes, parece-me essencial enfatizar as virtudes afetivas: a diversidade cultural, religiosa ou sexual não significa por si só uma perda do sentido de pertencimento ou de estabilidade emocional, mas, pelo contrário, significa um enriquecimento. A faculdade social de vínculo em uma sociedade aberta e liberal não é inferior ao de uma província fechada e monocultural. O vínculo afetivo refere-se exatamente a isso: viver em uma sociedade que defende e protege minhas idiossincrasias individuais, mesmo que não sejam capazes de se tornar majoritárias, mesmo que sejam antiquadas, ou modernas demais, extravagantes ou bregas. Uma sociedade que se define expressamente como aberta e inclusiva e que se questiona incessantemente de maneira autocrítica se ela é realmente isso, tal sociedade produz a confiança de que seus membros não serão arbitrariamente excluídos ou atacados.

Existir realmente no plural significa ter respeito mútuo pela individualidade e pela singularidade de todos. Eu não tenho de querer viver exatamente como os outros ou acreditar no que eles acreditam. Não preciso compartilhar os costumes e convicções das outras pessoas. Elas não precisam ser simpáticas ou compreensivas comigo. Também nisso consiste a enorme liberdade de uma sociedade liberal verdadeiramente aberta: em não ter de se gostar mutuamente, mas ser capaz de permitir. Isso inclui explicitamente todas as concepções religiosas que, para alguns, possam parecer irracionais ou incompreensíveis. Das liberdades subjetivas também fazem parte expressamente os estilos de vida de caráter devoto e religioso, que, em uma sociedade aberta, podem se desviar tanto do que a maioria pratica quanto de outros estilos de vida menos tradicionais ou ateus. Uma compreensão secular do Estado de modo algum significa um ateísmo prescrito para todos os cidadãos. A única coisa que importa é que, quanto menos essencialista, menos homogênea, menos «pura» for concebida uma sociedade, menor será a pressão para ter de se aglomerar de forma identitária.

Algo foi esquecido: o próprio vocabulário de uma sociedade aberta e inclusiva foi sendo gradativamente corroído e suprimido. Temos de decifrar mais uma vez o que isso pode e deve significar: *existir no plural*. Se quisermos que a coexistência faça sentido – e não apenas para quem come carne de porco, mas para todos –, precisamos encontrar uma linguagem, práticas e imagens para essa pluralidade. Não apenas para aqueles que sempre foram visíveis e bem-vindos, mas também para aqueles cujas experiências e perspectivas normalmente são silenciadas.

Em uma sociedade plural dessa natureza, podem ocorrer conflitos? Claro que sim. Haverá diferentes suscetibilidades culturais ou religiosas? Sim, claro. Mas não há soluções gerais aplicáveis aos conflitos que surgem entre demandas religiosas e os compromissos que uma sociedade leiga e plural exige, por sua vez, dos crentes. Em vez disso, cada prática conflitante deve ser analisada concretamente para se avaliar: em que medida esse ritual ou essa prática é importante para uma religião? De quem são os direitos possivelmente negados ou violados por essa prática? É exercido algum tipo de violência contra uma pessoa? Com que direito tal prática pode ser proibida? Do ponto de vista filosófico e jurídico, decidir sobre as razões para autorizar, limitar ou proibir uma prática religiosa específica no espaço público de uma sociedade secular é um debate muito complexo. A questão dos limites da liberdade religiosa e a relação entre secularismo e democracia ainda exigem debates públicos mais vigorosos. Sim, tudo isso exige esforço, e haverá certas práticas e rituais incompatíveis com a Constituição que serão proibidos (por exemplo, casamento forçado de menores). Mas esses processos de negociação constituem o núcleo de uma cultura democrática. Eles não colocam em risco a democracia, mas a reforçam como um processo de aprendizado deliberativo e aberto à experiência. Isso pressupõe que todo e qualquer crente se sinta comprometido não apenas com sua fé, mas também com a sociedade secular e plural. Isso pressupõe que todo e qualquer crente também aprenda a distinguir entre valores particulares que não podem ser generalizados e normas jurídicas básicas que se aplicam a todos, independentemente de suas crenças ou convicções. Isso também significa que a sociedade secular deve verificar o quão ela é realmente secular. E se algumas instituições, como o sistema legal, não têm uma preferência particular por certas confissões ou igrejas. Para que esses conflitos tanto práticos como jurídico-filosóficos sejam suportados e suas correspondentes negociações sejam empregadas, é necessária certa confiança nos processos democráticos.

Uma sociedade democrática é uma ordem dinâmica e passível de aprendizado, que também pressupõe a disposição individual e coletiva para admitir erros, individuais ou coletivos, para corrigir injustiças históricas e para perdoar uns aos outros. Uma democracia não é simplesmente uma ditadura da maioria, antes ela fornece um procedimento não apenas para decidir e eleger, mas também para debater e deliberar em comum. É uma ordem na qual tudo o que não é justo ou inclusivo o suficiente pode e deve ser reajustado. Isso também requer uma cultura do erro, uma cultura da discussão pública caracterizada não pelo desprezo recíproco, mas por uma curiosidade mútua. Para os atores políticos, o reconhecimento dos erros nos seus próprios modos de pensar e de agir é tão elementar como para os agentes midiáticos e também para os membros da sociedade civil. Perdoar-se mutuamente algum dia também faz parte da textura moral de uma democracia viva. Infelizmente, as condições estruturais, bem como os usos sociais da comunicação por meio de redes sociais, são um obstáculo crescente que impede tal cultura do debate na qual também seria possível reconhecer os próprios erros e pedir perdão.

Em sua palestra sobre Poética em Frankfurt, a poeta Ingeborg Bachmann escreveu uma vez sobre um pensamento «que não se preocupa inicialmente com a direção, um pensamento que deseja o conhecimento e quer alcançar algo com a linguagem e por meio da linguagem. Vamos chamá-lo provisoriamente: realidade».[7] Isso também se aplica a uma esfera pública e uma cultura democráticas, nas quais a direção nem sempre é predeterminada ou conhecida, mas nas quais se pode e se deve debater e pensar de forma aberta e autocrítica. Quanto mais polarizado e amplo o debate público, mais difícil será ousar pensar dessa maneira, sem a necessidade de seguir uma direção. Mas é precisamente essa busca de conhecimento que é necessária. Exatamente a busca por fatos, por aquelas descrições da realidade que não passaram pelos filtros dos ressentimentos ideológicos. Todos podem e devem colaborar nessa busca. Não há conhecimentos específicos para a democracia. O filósofo Martin Saar escreve: «Afinal, todo mundo conhece a liberdade política e o desejo democrático de liberdade, mesmo aquele que é privado deles».[8]

Certamente, também será difícil conciliar diferentes experiências e memórias históricas e políticas de pessoas de vários países. Isso não pode ser ignorado como uma fonte potencial de conflito. Será crucial continuar esclarecendo e fundamentando certas constantes morais e políticas, como a recordação crítica dos crimes nazistas. Elas também podem e devem valer para aqueles que não têm sua própria história familiar associada à Shoah. Os migrantes também devem lidar com essa referência histórica, com o horror da história da Alemanha.

---

7 Ingeborg Bachmann, «Frankfurter Vorlesungen», in: Ingeborg Bachmann, *Werke*. Vol. 4. Munique: Piper, 1978/1993, pp. 192 ss.

8 Martin Saar, *Immanenz der Macht. Politische Theorie nach Spinoza*. Berlim: Suhrkamp, 2013, p. 395.

Isso significa que a rememoração não pode ser simplesmente decretada, mas também é necessário explicar por que ela pode e deve ser relevante para todos. Os migrantes devem ter a possibilidade de se posicionar política e moralmente diante dessa história, de percebê-la como deles – sem a necessidade de um entrelaçamento individual ou familiar com a culpa e a vergonha. Essa história também pertence a eles porque eles moram aqui e são cidadãos deste país. Isentar-se da reflexão sobre a Shoah significaria, implicitamente, excluir-se da narrativa política e da concepção que esta democracia tem de si mesma.

«Não há memória nem relação com a história que não seja estimulada por um desejo, ou seja, por algo que aponte para o futuro», disse uma vez o historiador e filósofo francês Georges Didi-Huberman, em entrevista à revista *Lettre*.[9] É importante estar ciente dessa bidirecionalidade da memória, orientada simultaneamente para o passado e para o futuro. Somente uma memória capaz de extrair do terrível legado da história uma tarefa dirigida ao porvir pode funcionar e permanecer viva. Somente uma cultura da memória que articule repetidamente a esperança de criar uma sociedade inclusiva, uma que não permita que indivíduos ou grupos inteiros sejam isolados como «estrangeiros» ou «impuros» pode permanecer viva. Somente uma rememoração que permaneça atenta aos mecanismos de exclusão e violência também no presente pode impedir que, em algum momento, ela perca todo seu significado.

Mas e se a experiência histórica relembrada e o presente no qual ela deve desempenhar uma função social e política estiverem se distanciando cada vez mais? E se as testemunhas com as memórias das suas vivências pessoais e os que nasceram

---

9 «Blickveränderungen», in: *Lettre*, n. 109, verão de 2015.

depois, ou seja, aos quais elas poderiam contar alguma coisa, se afastarem cada vez mais uns dos outros? Não apenas pela idade, mas também no que conhecem a fundo, no que vivenciam e entendem como próprios? Como a memória dos crimes do nacional-socialismo pode ser mantida viva no futuro sem reduzi-la a algo estático? Essas perguntas preocupam sobretudo judias e judeus, mas de certa forma também dizem respeito a todos nesta sociedade. Elas não se impõem só agora, no momento em que acontece, por causa dos refugiados sírios, uma reflexão mais consciente da gramática moral de uma sociedade de imigração. Essas questões também se colocam por meio das palavras de ordem revanchistas dos movimentos populistas de direita e por ataques públicos aos judeus. Não é necessário suspeitar que todos os sírios ou saxões, sem exceção, são antissemitas para se perguntar como transmitir uma cultura da memória àqueles que não cresceram nela ou apenas a percebem como algo imposto.

É claro que outras experiências e outras perspectivas sobre o Estado de Israel chegam até nós com os refugiados sírios. O que a história do Holocausto significa, a dor e o trauma que isso implica, é menos conhecido do que acreditamos aqui na Alemanha. Isso levará a suscetibilidades e será necessário explicar que tipos de crimes foram cometidos neste país e até que ponto eles fazem parte da herança e da tarefa que os descendentes devem enfrentar. A lembrança de Auschwitz não tem prazo de validade. Portanto, será necessário recorrer a métodos didáticos mais modernos para contar essa história como algo que poderia ser tomado como uma empatia interessada. Os muitos exemplos maravilhosos dos programas de museus e instituições culturais há muito mostram que é possível incitar os jovens a lidar com a história do nacional-socialismo de maneira criativa e séria. Esse trabalho terá de ser promovido ainda mais do que antes, a fim de desenvolver formatos especialmente para quem olha a história a partir de outras referências culturais e históricas.

Isso significa não apenas estar ciente da profundidade específica da culpa em relação ao passado, mas também ouvir atentamente, no presente, as histórias que os refugiados contam sobre agressões e quais memórias suas narrativas guardam. Isso não será possível se ninguém ouvir o outro. Não dará certo, a menos que os refugiados também possam falar de suas memórias e de seus medos. Ouvir não significa concordar com tudo o que pode ser ouvido. Significa apenas querer entender de onde vem o outro e qual ponto de vista cria uma perspectiva diferente. O tipo de sociedade que queremos ser também dependerá de quanto e por que meios seremos capazes de articular essa narrativa polifônica e temporalmente aberta. Além disso, o tipo de sociedade que queremos ser depende de em que medida seremos capazes de adaptar qualquer narrativa, por mais aberta e polifônica que ela seja, às constantes relacionadas ao secularismo e aos direitos humanos.[10]

No entanto, essa tarefa não é nova. Antes, em uma sociedade de imigração, refletir sobre as diferentes experiências de culpa histórica, bem como sobre o sofrimento e a perspectiva daqueles que sofreram privação de direitos e abusos extremos e que passaram por guerra e violência em outros lugares, é um fenômeno recorrente. A memória alemã também é composta há muito tempo das experiências e perspectivas de diferentes pessoas e grupos da ex-Iugoslávia; a memória alemã já há muito tempo

----

10 A tarefa específica de manter viva no presente a memória da Shoah também foi abordada por mim em <http://www.sueddeutsche.de/politik/kolumne-erinnern-1.2840316>, bem como, de maneira mais detalhada, em: Carolin Emcke, *Weil es sagbar ist. Zeugenschaft und Gerechtigkeit*. Frankfurt am Main: Fischer, 2013.

inclui as experiências e perspectivas de diferentes pessoas e grupos da Turquia, das regiões curdas, da Armênia e de muitos outros territórios. A memória alemã também é composta das experiências e perspectivas pós-coloniais vividas pelos alemães negros. Existir no plural também significa reconhecer essas diferentes memórias e experiências e defender que elas sejam articuladas e discutidas publicamente. Existir no plural não significa apenas hesitar em se declarar uma «sociedade de imigração» após décadas de migração. Também inclui entender o que realmente significa *ser* uma sociedade de imigração. Os dias em que os migrantes e seus filhos e netos só podiam ser objetos do discurso público finalmente terminaram. É hora de entender que os migrantes e os refugiados que vieram para cá também são sujeitos do discurso público. Isso requer uma *pluralização de perspectivas*, um questionamento crítico das malhas de percepção e do cânone do conhecimento que estabelece práticas e crenças culturais. Existir no plural também significa levar a sério esse conhecimento que é considerado menos valioso apenas porque veio de outro lugar. Na educação escolar, esse saber e essas perspectivas são sub-representadas. A literatura, a arte e a história cultural, não apenas das sociedades europeias, mas também das sociedades não europeias, são surpreendentemente negligenciadas nas instituições de ensino.[11] Esse cânone escolar limitador não atende adequadamente aos requisitos de um mundo globalizado e à realidade de uma sociedade de imigração. Existem exceções pontuais dessa perspectiva reducionista. Sempre há escolas e professores que também trabalham com

---

11 Provavelmente, isso se deve ao fato de que a maioria da literatura internacional deve ser lida no original – e, portanto, está ancorada no ensino de línguas estrangeiras. Nesse ponto, seria o caso de considerar se uma matéria separada para a história cultural internacional ou a literatura mundial não faria mais sentido.

outros materiais e autores – mas não o suficiente. Não se trata de abolir Büchner e Wieland, mas ler Orhan Pamuk ou Dany Laferrière ou Terézia Mora ou Slavenka Drakulić. Esses autores não são apenas elementares para os filhos de famílias migrantes, que talvez possam reconhecer as experiências de seus pais e avós e valorá-las. Isso também é importante. Mas, acima de tudo, textos assim são relevantes para as outras crianças, pois elas aprendem a imaginar e descobrir um novo mundo além do que é conhecido, próximo e familiar. É também um exercício de mudança de perspectiva e empatia.

A pluralização de perspectivas também deveria continuar ocorrendo nas repartições e instituições estatais (na polícia, nos centros de atendimento aos cidadãos, no sistema judiciário). Nesse caso, já existe, em parte, um esforço perceptível em prol da diversidade – o que é bom. Uma pluralidade de fato visível nas instituições e empresas não é simplesmente uma cosmética política, mas também serve para abrir aos jovens concepções reais completamente diferentes sobre o que eles poderiam um dia se tornar. A diversidade visível também pluraliza os exemplos e os padrões de conduta pelos quais outros podem se orientar. A concepção que uma sociedade tem de si mesma se mostra nos serviços públicos e nas instituições estatais: é aí que se demonstra quem pode e deve representar o Estado e quem pertence a ele, sem nenhuma restrição. Quanto mais variados forem os funcionários públicos, mais credível será a promessa democrática de reconhecimento e igualdade.

Em suas aulas ministradas no Collège de France em 1983 e publicadas no livro *O governo de si e dos outros*, o filósofo francês Michel Foucault parte do conceito grego de *parresía* para desenvolver sua noção de «dizer-a-verdade».[12] Um dos significados origi-

....

12 Michel Foucault, «Aula de 12 de janeiro de 1983 — segunda hora», in: *O governo de si e dos outros:*

nais de *parresía* é traduzido apenas como liberdade de palavra. Mas, para Foucault, *parresía* significa aquele dizer-a-verdade que critica opiniões ou posições poderosas. Foucault não se preocupa somente com o conteúdo do que é dito, ou seja, com o fato de alguém estar dizendo mesmo a verdade, mas o característico da *parresía* é a maneira *como* as coisas são ditas. O dizer-a-verdade foucaultiano é cheio de pré-requisitos. Não basta simplesmente *nomear* a verdade: a *parresía* também exige que, de fato, se *acredite* nela. Eu não digo apenas algo verdadeiro, mas também *creio* que seja. A *parresía* não pode ser expressa com uma intenção manipuladora ou enganosa. Sendo uma declaração, ela não é apenas verdadeira, mas é também sempre veraz. Com isso, a *parresía* se distingue daquelas formas de confissões desonestas que são ouvidas com frequência hoje em dia nos movimentos nacionalistas e partidos populistas de direita: quando eles dizem que não têm nada contra os muçulmanos, *mas*... quando eles dizem que não querem tocar no direito de asilo político, *mas*... quando eles dizem que rejeitam o ódio e a violência, *mas* defendem os agressores invocando o direito à liberdade de expressão... Tudo isso não tem nada a ver com o dizer-a-verdade.

Além disso, é necessária determinada constelação de poder para que a *parresía* ocorra. Aquela/aquele-que-diz-a-verdade é alguém que «se ergue diante de um tirano e lhe diz a verdade», diz Foucault.[13] Então, o dizer-a-verdade está sempre associado a um discurso para o qual não se tem o direito ou status, um discurso no qual a/o falante *arrisca* algo. Agora, entre nós, não há tiranos no sentido clássico, mas a *parresía* ainda é necessária.

---

curso no Collège de France (1982-1983). Tradução de Eduardo Brandão. São Paulo: WMF Martins Fontes, 2010, pp. 59-70.

13 Michel Foucault, *O governo de si e dos outros: curso no Collège de France (1982-1983)*, op. cit., p. 49. [N. do T.]

A frase de Eric Garner «*It stops today*» [«isso tem que parar hoje»] ilustra como tal dizer-a-verdade poderia soar no presente. É preciso coragem para tomar a palavra, seja em nome próprio ou em nome daqueles a quem é negado o direito ou o status de pertencer a um grupo. A *parresía* exigida pela esfera pública atual se dirige contra os poderosos dispositivos baseados no dito e no não dito, contra as malhas de ódio que menosprezam e acusam imigrantes, contra os regimes de olhar que negligenciam pessoas negras como se não fossem seres humanos de carne e osso, contra as suspeitas permanentes sobre muçulmanos, contra os mecanismos e hábitos que discriminam as mulheres e contra as leis que impedem que gays, lésbicas, bissexuais e transgêneros se casem e constituam famílias como as outras pessoas. A *parresía* é direcionada contra todas as técnicas de exclusão e desprezo pelas quais as judias e os judeus são novamente isolados e estigmatizados. Atualmente, o dizer-a-verdade também se volta contra as malhas de percepção e os regimes de olhar que tornam invisíveis aqueles que são forçados a viver em condições socialmente precárias: aqueles que não são excluídos por causa de suas crenças religiosas ou culturais, mas simplesmente porque são pobres ou estão desempregados. Essas pessoas são desprezadas em uma sociedade que continua a ser definida por meio do trabalho, embora todos saibam que o desemprego em massa é uma constante estrutural. Também em nome delas e para sua visibilidade, o dizer-a-verdade é necessário contra o tabu de classe social, pois não apenas certas pessoas são estigmatizadas política e socialmente como «supérfluas», mas a categoria de classe social é simplesmente ignorada, como se não existisse mais. Enquanto muitos são categorizados e marginalizados como «os outros», no caso de pessoas pobres ou desempregadas às vezes elas são tratadas como se não existissem como um grupo. Para aqueles que vivem em condições precárias e de pobreza, essa negação das desigualdades sociais os leva a perceber sua situação como algo supostamente individual e autoinfligido.

A socióloga israelense Eva Illouz já havia apontado para o fato de que a *parresía* não tem necessariamente uma única direção ou destinatário. Às vezes, existem situações históricas nas quais se tem a tarefa de ter de contradizer diferentes constelações de poder ao mesmo tempo.[14] Isso significa que o dizer-a-verdade não pode se dirigir apenas contra o Estado e seus discursos excludentes, nem contra movimentos e partidos poderosos, mas também contra o próprio ambiente social, contra a família, o círculo de amigos, a comunidade religiosa, o contexto político em que alguém se move – e, possivelmente, no qual também é necessário se opor corajosamente a códigos de exclusão e ressentimentos presunçosos. Isso implica não se colocar simplesmente em uma posição de vítima real ou imaginária, no papel de uma comunidade marginalizada, mas prestar atenção se dentro do seu próprio grupo, individual ou coletivamente, também dogmas ou práticas excludentes e estigmatizantes se condensaram. Se também aí foram formados moldes de percepção nos quais o ódio e o desprezo podem ser derramados. Aqui também, de acordo com Illouz, é necessário formular uma objeção universalista.

A definição foucaultiana de *parresía* dá pistas de como a resistência ao ódio e ao fanatismo deve ser articulada: aqueles que correm o risco de serem privados de sua subjetividade; aqueles cuja pele, cujo corpo ou cujas partes íntimas não são respeitados; aqueles que não são considerados seres humanos ou seres iguais, mas «ralé» com uma vida «improdutiva» ou «sem valor»; aqueles que são categorizados como «degenerados», «criminosos», «doentes»,

---

14 Eva Illouz, *Israel: Soziologische Essays*. Tradução de Michael Adrian. Berlim: Suhrkamp, 2015, pp. 7 ss.

«impuros» ou «não naturais» de um ponto de vista étnico ou religioso e, com isso, são desumanizados – todas essas pessoas devem ser reintegradas como indivíduos em um *nós* universal.

Isso pressupõe romper todas as conexões, todas as cadeias de associações, todas as deformações e estigmas conceituais e imagéticos estabelecidos ao longo de anos e décadas. Implica minar todos os modelos e esquemas de percepção segundo os quais os indivíduos se tornam coletivos e os grupos são associados a propriedades e atributos pejorativos. «Os conflitos sociais são coreografados de acordo com as linhas de campo narrativas», escreve Albrecht Koschorke em *Wahrheit und Erfindung* [Verdade e invenção], e, nesse sentido, é importante frustrar as coreografias com discurso e ação próprios.[15] As malhas do ódio, como descritas na primeira parte deste ensaio, são formadas por narrativas particularmente reducionistas da realidade. Assim, determinados indivíduos ou grupos inteiros são associados apenas a características que os depreciam: são considerados «estrangeiros», «estranhos», «preguiçosos», «brutos», «moralmente corruptos», «imprevisíveis», «desleais», «promíscuos», «desonestos», «agressivos», «doentes», «pervertidos», «hiperssexualizados», «frígidos», «incrédulos», «ímpios», «desonrados», «pecadores», «contagiosos», «degenerados», «antissociais», «antipatrióticos», «afeminados», «masculinizados», «secessionistas», «terroristas em potencial», «criminosos», «melindrosos», «sujos», «desleixados», «fracos», «sem vontade própria», «covardes», «sedutores», «manipuladores», «gananciosos» e assim por diante.

Dessa maneira, as cadeias associativas que se repetem indefinidamente vão se condensando em supostas certezas. Elas se dispõem em representações

---

15 Albrecht Koschorke, *Wahrheit und Erfindung. Grundzüge einer Allgemeinen Erzähltheorie.* Frankfurt am Main: Fischer, 2012, p. 20.

midiáticas, consolidam-se em formatos ficcionais, em narrativas ou filmes, reproduzem-se na internet, mas também em instituições como escolas, por exemplo quando os professores devem recomendar sobre quem deve ou não ingressar no *Gymnasium*.[16] As cadeias de associação se solidificam em práticas intuitivas, ou nem tão intuitivas assim, de abordagem e revista de pessoas e se materializam nos processos seletivos para preencher determinados postos de trabalho, nos quais certos candidatos geralmente não são chamados para a entrevista.

A falta de imaginação é um poderoso adversário da justiça e da emancipação – e, por isso, é necessário um dizer-a-verdade que *reexpanda* os espaços imaginativos. Os espaços sociais e políticos de participação – espaços democráticos de atuação – também começam com o discurso e as imagens nos quais as pessoas são interpeladas e reconhecidas. A diferenciação que deve ser combatida com o dogma fanático do simplório e do puro começa logo aí: no confronto das fantasias teóricas da conspiração, das atribuições coletivas, das generalizações grosseiras dos ressentimentos ideológicos com uma observação cuidadosa. «Observar cuidadosamente significa desmontar», escreve Herta Müller – dessa maneira, as malhas de percepção que estreitam a realidade devem ser desmontadas e desfeitas. As generalizações falsas, nas quais um indivíduo é apreendido apenas como um simples representante

---

16 A Alemanha possui um sistema de ensino que distribui seus alunos, após o ciclo básico (entre o quarto e o sexto ano), de acordo com seus rendimentos escolares, em três ou quatro tipos de escolas (dependendo do estado da federação). Apenas as crianças mais bem avaliadas podem ingressar no *Gymnasium*, o único que, após sua conclusão, permite o acesso às universidades. Por sua vez, a *Realschule* habilita seus alunos aos cursos técnicos (e também ao ensino superior, após um período maior de formação escolar), e a *Hauptschule* prepara os jovens para cursos profissionalizantes. [N. do T.]

para um grupo inteiro, devem ser desmontadas para que cada pessoa e seus atos sejam novamente reconhecidos como tais. Além disso, as senhas e os termos que excluem e isolam devem ser minados e transformados.

A prática da ressignificação, ou seja, da apropriação e da reinterpretação de termos e práticas estigmatizantes, tem uma longa tradição. Segui-la certamente também pode ser considerado como uma técnica poética de resistência ao ódio e ao desprezo. O movimento afro-americano pelos direitos civis, mas também o movimento de emancipação de gays, lésbicas, bissexuais, pessoas trans e homossexuais, estão repletos de exemplos dessas práticas irônicas e performativas de ressignificação. Atualmente, o «Hate Poetry Slam» é um exemplo dos formatos que performam, de maneira criativa e alegre, a *parresía* contra o ódio e o desprezo.[17]

---

17 O «Hate Poetry Slam» é uma intervenção tão criativa que enche de humor e ironia o dizer-a-verdade contra o ódio e o fanatismo. Esse formato foi fundado e desenvolvido por Ebru Taşdemir, Doris Akrap, Deniz Yücel, Mely Kiyak e Yassin Musharbash – posteriormente se juntaram ao grupo Özlem Gezer, Özlem Topçu, Hasnain Kazim e Mohamed Amjahid. No programa, realizado em clubes ou teatros diante de uma plateia, jornalistas leem uma seleção das piores mensagens de ódio que receberam dos leitores após a publicação de seus textos. As cartas são dirigidas nominalmente aos jornalistas e os cobrem com cascatas de insultos racistas e sexistas. Elas ofendem e caluniam (a propósito, muitas vezes escritas em um alemão assustadoramente ruim), reclamam e vituperam cheios de orgulho de classe e ódio islamofóbico. No formato «Hate Poetry», os destinatários agora recitam essas cartas endereçadas a eles, tiram-nas do silêncio dos escritórios editoriais para o palco e, assim, libertam-se da impotência e da melancolia que normalmente afeta todo mundo que recebe esse tipo de e-mail. Ao tornar públicas essas mensagens de ódio, a relação de união que toda carta, mesmo a mais repugnante, impõe ao remetente e ao destinatário, é interrompida. Eles não querem suportar esse ódio sozinhos. Eles também não querem aceitá-lo sem reclamar. O que eles

Existem outros meios de impedir as poderosas atribuições e estigmatizações. Existem catálogos com medidas concretas, como aquelas que estão sendo usadas nas mídias sociais para confrontar as câmaras de eco que amplificam o ódio. Todos esses instrumentos são necessários: intervenções sociais e artísticas, debates e análises públicos, medidas

---

procuram é envolver a esfera pública como testemunha, como audiência – querem abandonar a condição de destinatários indefesos do ódio e encenar uma leitura irônica que evidencia e mina as atitudes racistas. Aqueles que participam do «Hate Poetry Slam» conseguem revirar a relação entre sujeito e objetos de maneira poderosa, divertida e inteligente: o objeto de ódio não é mais a suposta origem dos jornalistas ou sua suposta identidade, religião ou aparência, mas os textos de ódio se tornam um objeto do riso. E, para fazer isso, eles nem precisam nomear os autores das cartas. Não se trata de semear a raiva contra uma «malta» nacionalista e racista, mas de rir do que eles dizem e do que fazem. Isso é trabalhado e transformado por meio da dissidência irônica. E, no caso do «Hate Poetry Slam», não apenas se lê em voz alta, mas também se dá uma festa, celebra-se: os jornalistas afetados competem entre si para ver quem apresenta a carta dos leitores mais repugnante nas categorias «Querida Sra. B..., querido Sr. Cuzão», «Cancelamentos de assinatura», «Grande Ópera» e «Curto e grosso». Essa é uma parte delicada, porque o humor que ocorre no palco pode levar os espectadores a rir de textos e termos que não são engraçados, mas simplesmente repulsivos. O racismo grosseiro, a islamofobia, o sexismo e o desprezo pelos seres humanos ouvidos durante a performance produzem vergonha e estupor. Durante a escuta, o peso da agressão verbal recai inicialmente sobre todos na plateia, fazendo com que se perguntem: como isso é sentido? Eu também poderia ser implicado? Por que não? Que posição estou adotando: a de mero espectador, a de alguém a quem essas cartas não estão endereçadas? Todo mundo tem de perguntar: como reajo a essa linguagem? A esse ódio? O que significa rir disso? Qual seria uma reação adequada? Graças à sua resistência criativa, esse formato não apenas difunde o riso gerado no palco, mas também produz uma reflexão séria sobre o racismo cotidiano, sobre a posição social de cada um e sobre a questão de alianças necessárias e solidárias.

políticas de educação e formação, mas também leis e decretos.

Foucault aponta para outro aspecto da *parresía* ou da sua noção de dizer-a-verdade: ela não é apenas destinada a um interlocutor poderoso e tirânico (e que «lança a verdade na cara»[18] dele), mas também dirige-se à própria pessoa que diz-a-verdade. Particularmente, eu gosto bastante desse aspecto. Como se alguém dissesse-a-verdade murmurando para dentro de si, falando consigo mesmo, fazendo um pacto consigo. Dizer-a-verdade contra uma poderosa injustiça significa sempre uma espécie de aliança entre aquele que diz-a-verdade e si mesmo: ao expressar a verdade social e política eu também me sinto vinculada a ela e também por meio dela. Foucault ainda enfatiza que nesse ato corajoso de dizer-a-verdade não está apenas uma obrigação, mas que a *parresía* também liga aquele que a expressa à *liberdade* que se manifesta e se realiza na própria *parresía*. Dizer-a-verdade contra a injustiça como um ato de liberdade é um dom, pois inaugura uma relação consigo mesmo que contradiz a efetividade alienante do poder e seus mecanismos de exclusão e de estigmatização. Por esse motivo, o dizer-a-verdade nunca pode ser apenas um ato pontual, uma ação independente, mas seu pacto tem um efeito duradouro sobre o sujeito falante e o compromete.

Todos os inúmeros voluntários que se engajaram em ajudar os refugiados durante a crise humanitária são provavelmente os que melhor sabem disso. À primeira vista, pode ser uma leitura inesperada interpretar esse envolvimento da sociedade civil como uma forma de dizer-a-verdade contra o poder. Mas a disposição de incontáveis cidadãos, jovens e idosos, de todas as famílias que acolheram

---

18 Michel Foucault, *O governo de si e dos outros: curso no Collège de France (1982-1983)*, op. cit., p. 54. [N. do T.]

refugiados, de policiais e bombeiros que continuaram a trabalhar depois do expediente, de professores e educadores que se ofereceram para dar aulas de boas-vindas, de todos aqueles que contribuíram com seu tempo ou comida ou teto, todos eles desafiaram as expectativas sociais e as normas burocráticas. Eles não delegaram simplesmente a tarefa de acolhimento dos refugiados às autoridades nacionais ou locais. Em vez disso, preencheram o vazio político muitas vezes existente com o engajamento dissidente e generoso de um movimento social extremamente heterogêneo. Isso não foi e nem sempre será fácil. Custou e custa não apenas tempo, mas também força e coragem. Porque todo encontro com refugiados sempre guarda o potencial de descobrir não apenas algo agradável e enriquecedor, mas também algo que não entendemos, rejeitamos ou nos incomoda.

Para mim, esse tipo de engajamento conta como uma variante de *parresía* porque ele ocorre a despeito da crescente pressão das ruas, às vezes com grande hostilidade e ameaças de violência. Seguranças ainda são necessários em frente aos abrigos para refugiados e os voluntários ainda continuam a ser insultados e ameaçados. É preciso coragem para enfrentar esse ódio e não se deixar confundir no que é humanitariamente oferecido a alguém ou no que parece óbvio do ponto de vista humano. Cada atentado, cada matança promovida por algum refugiado com uma doença mental ou mobilizado pelo fanatismo expõe esse compromisso a pressões adicionais e a outras objeções externas. É preciso muita paciência e autoconfiança para continuar a cuidar daqueles que precisam de ajuda e apoio e que não podem ser punidos pelos atos de outras pessoas.

A meu ver, a resistência civil ao ódio também inclui reconquistar os espaços da imaginação. Uma das estratégias dissidentes contra o ressentimento e o desprezo – e que pode surpreender depois de tudo que foi dito aqui – são as *histórias de felicidade*. Dados todos os diferentes instrumentos e estruturas de poder que marginalizam e privam as pessoas de seus direitos, a resistência ao ódio e ao desprezo também envolve a reconquista das várias possibilidades de ser feliz e de viver em verdadeira liberdade. Contradizer o tirano sempre significa resistir às medidas repressivas-produtivas do poder. E isso também significa não aceitar o papel do oprimido, do servo, do desesperado. Ser estigmatizado e marginalizado não significa apenas ver limitadas suas próprias possibilidades de ação, mas também ter roubadas, com muita frequência, a força e a coragem para exigir algo que já é dado e parece normal a todos os outros: não apenas o direito de participação, mas também o direito à *imaginação da felicidade*.

Portanto, as estratégias dissidentes contra a exclusão e o ódio também incluem contar *histórias felizes de vidas e amores divergentes*, de modo que, para além de todas as narrativas de infortúnio e desprezo, a *possibilidade de felicidade* também se estabeleça como algo que exista para todos, como uma expectativa à qual todos têm direito: não apenas para aqueles que estão em conformidade com a norma dominante; não apenas para aqueles que são brancos; não apenas para aqueles que podem ouvir; não apenas para aqueles que se sentem confortáveis no corpo em que nasceram; não apenas para aqueles que desejam conforme prescrito pela publicidade ou pela lei; não apenas para aqueles que podem se mover sem necessidade especial; não apenas para aqueles que têm a «fé correta», os documentos «certos», o currículo «adequado», o gênero «apropriado». Mas, sim, ela deve existir para todos.

Parresía também significa fazer um pacto com a verdade que foi dita. Não apenas acreditar que todas as pessoas, mesmo que não sejam semelhantes, possuam o mesmo valor, mas também expressar essa equivalência: exigi-la verdadeira e permanentemente, contra toda a pressão, contra todo o ódio, para que, pouco a pouco, ela *não faça parte somente de uma imaginação poética, mas seja uma realidade concreta.*

«O poder é sempre, como diríamos hoje, um potencial de poder, não uma entidade imutável, mensurável e confiável como a força e o vigor», escreve Hannah Arendt em *A condição humana*, «[...] o poder passa a existir entre homens quando eles agem juntos, e desaparece no instante em que eles se dispersam.»[19] Essa também seria a descrição mais precisa e mais bonita de um «nós» em uma sociedade aberta e democrática: este «nós» é sempre um potencial e não algo imutável, mensurável e confiável. Ninguém define o «nós»« sozinho. Ele surge quando as pessoas agem juntas e desaparece quando elas se desagregam. Revoltar-se contra o ódio e reunir-se em um «nós» para falar e agir uns com os outros seria uma forma corajosa, construtiva e sensível de poder.

---

19 Hannah Arendt, *A condição humana*, op. cit., p. 248.

Volumes publicados Biblioteca Âyiné

1   Por Que o Liberalismo Fracassou? **Patrick J. Deneen**
2   Contra o Ódio **Carolin Emcke**